JN023360

中小企業

小寺弘泰 〔著〕 **Kodera Hiroyasu**

財務超

入門

Principles of SME Finance Support

一般社団法人 **金融財政事情研究会**

はじめに

◆目指したのは中小企業のCFO代行

　私は岐阜県大垣市出身で、1991年に大垣市に本店を置く大垣共立銀行に入社しました。同行での10年の勤務を経て、2001年に財務コンサルティングを行う株式会社プロシードを設立し、2023年5月で23年目に入りました。

　これという国家資格もなく、簿記の知識や経理の実務や決算に係る会計業務に関してまったくの素人の私がこの20年を超える長い期間、会社経営を継続できていることこそが、財務コンサルティングという事業モデルへのニーズが現に存在し、企業の経営者に受け入れられていることの何よりの証だと感じています。

　自分が銀行員の時はそれほど意識していなかったのですが、いざ財務コンサルティングの業務を始めてみると、多くの経営者は金融機関からの建設的な資金調達が苦手であり、経営計画はあっても資金計画を作成しているケースは多くないことがわかってきました。とりわけ創業間もない会社では、経営者は事業拡大のための営業活動に奔走していることが多く、経理実務を担当するスタッフはいても、金融機関に対して事業成長の実現可能性を具体的かつ定量的に説明し、そのための資金計画を精緻に作成できる財務担当者がいないことが多いといえます。さらには、中堅クラスの企業であっても、金融機関との取引にうまく対応できる人材は決して多くないこともみえてきました。

　そこで、私は「財務部長のような仕事を請け負います」といった自己紹介で顧問先を広げていきました。最近では中小企業でも、CFO（注）という役職名を用いるようになってきましたが、「CFOの業務を代行します」という表現で自社の事業内容を説明してきました。具体的には、会社の資金繰りの安定を図るための融資の組換えや、現状の事業内容と将来の経営計画を説明する資料を作成して新たな金融機関から融資を引き出す業務でした。

（注）　CFO（Chief Financial Officer）は、最高財務責任者と訳されます。単なる

企業財務の専門家ではなく、経営戦略の一環としての財務戦略を立案、遂行する立場を示します。

また、2012年から始まったアベノミクスでは、中小企業向けのさまざまな補助金の制度が創設され、それと歩調をあわせて経営革新等支援機関（以下、「認定支援機関」といいます）という制度が発足しました。そこで、自らが認定支援機関となって顧問先の補助金等の施策活用を支援しました。施策活用に成功すれば、経営者に喜ばれるのはもちろんですが、新しい顧問先の紹介をしてくれることも多く、自発的な営業をすることなく顧問先が獲得できるようになりました。補助金支援で知り合った企業はそのまま財務コンサルティングの顧問先になっていただけるケースが多く、自分でいうのもおこがましいのですが、このビジネスモデルは理想的だと感じています。顧問先から税務面、労務面についても支援してほしいという要望が増えたので、税理士法人と社労士法人も当社グループの組織として発足させることになりました。

私が目指し、実現した財務コンサルティングとは、資金調達のプロでもなく、財務分析のプロでもなく、補助金支援のプロでもなく、必要に応じて外部の専門家を活用し、会社のお金の管理全般を俯瞰的に担う実務経験豊富なベテラン財務部長（CFO）の代行業務でした。

◆**本書刊行の目的**

話は少しさかのぼりますが、2010年4月から大阪に本社を置く、東証スタンダード市場に上場している株式会社エフアンドエムとの業務提携を開始することになりました。

当社とエフアンドエム社が共通して目指したのは、資金調達にとどまらず、財務改善、補助金等の施策活用など多角的かつ専門的な支援ができるコンサルティング事業であり、金融機関からも顧問先をご紹介いただけるビジネスモデルでした。エフアンドエム社は現在、1万者を超える顧問先に多角的な財務コンサルティングを提供しています。

エフアンドエム社との連携が進むなかで、当社とエフアンドエム社が培ってきたノウハウをより広く中小企業の経営支援に携わる方々に広げたいとい

う思いから、全国の会計事務所を会員とする経営革新等支援機関推進協議会（以下、「認定支援機関推進協議会」といいます）を立ち上げました。これをきっかけに、当社が担う業務の中心が会計事務所等向けの財務コンサルティングの研修や補助金活用支援実務のサポートに移っていきました。認定支援機関推進協議会の会員は増加を続けており、現在1,700を超える会員数になっています。また、2019年1月に認定支援機関の実務を具体的に解説する『認定支援機関実務ハンドブック』を刊行しました。

これまで多くの金融機関職員や会計事務所向けに研修活動を行ってきましたが、参加者から「こういう話はいままで聞いたことがなかった。こうした知識を経験の少ない職員が理解するのに適した入門書などはないのか」という声を数多くいただきました。一方で、経営者からは、財務や金融に詳しい人材を育てにくいという声もよく聞いていました。

そこで、本書は、会計事務所でこれから財務コンサルティングを始めようという方、あるいは会社の経営者や経理財務担当の方が、手にとって読みやすく、実務に活かせる入門書という位置づけで書き下ろしたものです。タイトルも『中小企業財務超入門』としました。

2023年8月に先行刊行した『中小企業経営支援原論』は、中小企業金融を理論的な背景を含めてかなり深掘りした内容になっています。これに対して本書は理論的な説明を最小限にとどめ、より実践的なノウハウを盛り込んでいます。財務コンサルティングを目指す方にとって、『中小企業経営支援原論』が理論編、本書が実践編という位置づけになると思っています。本書が前著と同様、多くの中小企業の経営者、経理財務担当者、経営支援を担う方々の目に触れ、その業務に貢献することができれば幸せに思います。

2024年2月

小寺　弘泰

[購入者特典プログラムについて]

・本書で紹介している「資金繰りシミュレータ」（第1章Q1-8）、「事業計画書基本フォーム」（第2章Q2-1）、「不動産事業シミュレーション」（第2章Q2-8）は、経営革新等支援機関推進協議会の有料会員サービスとして提供しているものです。

・上記のうち「資金繰りシミュレータ」（以下、「本プログラム」）については、本書の購入者に限り、次のウェブサイトからダウンロードすることができます。

ウェブサイト　https://www.kinzai.jp/tokuten/

パスワード　U7h5p6Q4

・本プログラムを使用した計算過程や結果等について、著者は一切の責任を負いません。すべて使用者の責任において使用してください。

・本プログラムは、Microsoft® Excel® 2019で作成しています（拡張子.xlsm）。使用するエクセルのバージョンによっては、読み込みできない場合があります。

・本プログラムは著者が作成したものであり、本プログラムの著作権は著者に帰属します。本プログラムは本書の購入者に限って使用を許可するものであり、本プログラム内容の一部または全部を、著者の許可なく複製・頒布することを禁じます。

・経営革新等支援機関推進協議会のサービスにご興味がある方は下記にお問合せください。

ウェブサイト　https://fm-suishinkyogikai.jp/

連絡先　https://suishinkyo.satori.site/contactpoint

目　　次

第3章 いまさら聞けない
中小企業金融のテクニカルワード ……………………………147

第 **1** 章

中小企業財務の基礎

本章では、中小企業が金融機関と意思疎通するうえで必須の知識を紹介します。金融機関にとっては当然であっても、中小企業にとっては必ずしもそうではありません。また、金融機関から融資を受ける際には金融機関から決算書以外に各種の資料提供を要求されることがあります。特に資金繰り表は必須の資料ですから、資金繰り表の簡単なつくり方についても説明することにします。

中小企業の経営者は財務コンサルタントに何を求めていますか

A 私が主宰するエフアンドエム社で、中小企業に向けて広義の財務支援サービスを提供する「エフアンドエムクラブ」の契約件数は1万件を超えており、その件数は増え続けています。また、私がエフアンドエム社とともに運営している経営革新等支援機関推進協議会の会員数は1,700事務所を超え、会員数は増加を続けています。どちらも主軸とするサービスは財務コンサルティングですが、そのなかでも金融に係る専門的な助言サービスが企業経営者に広く受け入れられています。金融機関から着実に資金調達ができるためにはどのような財務内容であるべきか、また資金繰りを安定させるにはどのような調達方法が望ましいのかなどを助言するものです。金融機関との融資取引を最適化していくため、金融機関からみた財務上の課題を指摘し、その改善策の立案・実施を支援することが求められています。

 ## 求められるCFOの機能

エフアンドエムクラブや経営革新等支援機関推進協議会の会員数が伸長していることは、多くの経営者が金融に係る財務コンサルティングを求めている証拠です。

資本の額が大きいとはいえない中小企業が事業を伸ばし、持続するには、金融機関からの融資が必要不可欠です。そのため、経営者は金融機関が自分の会社をどうみているのか、金融機関からちゃんと融資を受けられるのかを重要と感じています。ところが、金融機関の外部にいる人にとって、中小企業金融の仕組みが明確に開示されているとはいえず、わかりにくい面も多いため、どうすれば融資を受けられるかを専門的にサポートできるサービスが

好評なのです。中小企業の経営支援に携わる場合、経営者の多くが金融機関との取引が非常に重要な経営基盤となると考えていることを認識して、そのサポートができる知見、すなわち、財務コンサルティングの能力を高めましょう。

　会社を財務的な視点で分析し、経営戦略に役立てる業務がCFOという職位の業務であるとすれば、そうした立場で活躍できる人材が中小企業には少なく、また簡単には人材が育たないというのが実態のようです。

　CFOは、経営者が事業展開にあたってアクセルを踏むときに、ブレーキをかける役にまわることもあります。そのとき、CFOとして客観的かつ理論的にブレーキをかけなければならない理由を経営者に説明できると、経営者はありがたい存在であると感じます。社内ではだれも真摯に助言や反論をしてくれないため、「孤独を感じる」という経営者も少なくありません。そこで、会社のためを思って自分の経営を客観的に分析、評価し、モノを申す存在がいるととても頼もしく、重要であると感じてくれます。

　「正しいと思うことを進言した結果、経営者が気を悪くして契約が切れてしまっては困る」という保身的なスタンスでは、財務コンサルタントとしての役割を十分に発揮できないと考えています。私は、いつ顧問契約を切られても仕方ないという気持ちで自分の考えを伝えること、そして、この経営者なら本気で進言しても耳を傾けると確信できることを重視して長年、社外CFOともいえる財務コンサルタントの仕事を続けてきました。現在でも、経営者から最も多く寄せられる質問は「今度こういう事業を行おうと思うが、どう思うか」というものです。経営者の方針に賛同してほしいのではなく、財務的な視点から資金計画をどうすればいいのか、客観的に投資回収の可能性をどう評価するかというセカンドオピニオンの問いかけです。その質問に対して、数値を用いて自分なりの根拠を示せれば、経営者の構想を肯定する場合も否定する場合も、経営者はその判断を快く受け入れてくれます。

　結論として、新たな事業のために資金調達が必要となる場合には、CFOとして金融機関が求める事業計画を策定し、最適な融資を獲得できるように努めます。人的リソースの少ない中小企業の経営者は、自分は事業の展開に

集中し、資金計画は社外のCFOがしっかりとサポートするという関係の構築を求めているのだと感じます。

コミュニケーション能力も重要

とはいえ、経営者も人の子ですから、頭ごなしに自身の会社のことを悪くいわれたり、複雑な数値の説明が多く理解しにくいアドバイスばかりだったりすると、決して心地よくありません。財務コンサルタントには数値を管理するノウハウと並んで、角の立たない話し方を工夫するなど経営者と上手に会話を進めるコミュニケーション能力も必要とされます。話法や、経営者の心境をおもんぱかり、こちらの考えを話すタイミングについて、技術的な鍛錬が必要になりますが、ここでは私自身の失敗の経験もふまえ、経営者との信頼関係をできるだけ深くし、より長く継続するための心構えを整理しておきます。

経営者との関係を構築するためのコミュニケーションノウハウ7カ条

1．コンサルタントといっても、経営や事業については素人、まずは、会社や経営者のことを、いろいろ聞きまくる。自社に強い興味をもってくれる者を嫌う経営者はいない。

2．二度聞かないこと（メモを残し、少なくとも前回面談時の内容は明確に覚えておく）。

3．自分の考え方を示すときは、まずは、経営者の考え方の肯定できる部分を肯定して（褒めて）から、問題点や改善すべき点を伝える（頭ごなしに否定する話から始めない）。

4．専門用語は使わない（専門用語に聞こえないように丁寧に説明を展開する）。

5．その経営者が、どんな助言を喜んだか、経営者の反応をよく観察しておく。

6．取引開始から、まずは会社に「献身」するスタンスで挑む。会社のため

になんとか役に立とうと一所懸命、行動している姿をみてもらう（財務コンサルティングとはどのようなサービスかを早めに理解してもらう）。

7．経営者の資質や考え方を理解し、社内外に経営者の代弁ができるようになる。

　最後の7について、金融機関に事業計画を説明する際に経営者のかわりに経営方針や経営者の伝えたいことを語れるようになると、経営者が常に「財務コンサルタントの〇〇さんに詳しく聞いといて」というような関係が構築できます。逆に金融機関からは、「こういう融資の提案がしたいのだが、〇〇社長はどのように受け止めるだろうか」という相談が来るようになります。

　いかがでしょうか。数値管理に加えて、情緒的な領域のノウハウ、感性を磨く必要のある財務コンサルティング業務はかなりハードルが高いと感じるでしょうか。これから会計や各専門家の事業領域にAI技術が参入して、専門家の仕事がなくなっていくのではないかという懸念があります。でも、こうした経営者の人間性に入り込むようなコンサルティングノウハウは、AIがまだまだ立ち入れない領域なのではないかと感じます。

....

金融機関に融資をお願いする際に効果的な依頼方法があれば教えてください

A 金融機関に融資を依頼する際に、どのようにすれば最も効果的なのか。じつはこの点をきちんと理解できていない事業者が多く、金融機関も融資判断に困っているケースがあります。①いくら必要なのか、②何に使うのか、③どのように返すのかの3点をクリアに説明できれば、融資判断がしやすくなり、審査もスムーズに進みます。

融資の効果的な依頼方法

　たとえば、あなたが友人からお金を貸してほしいといわれたときに、何を尋ねるでしょうか。まずは次の3つを尋ねるのではないでしょうか。

①　いくら必要なのか

②　何に使うのか

③　いつ返せるのか（どのように返すのか）

　この3つを明確に、かつ説得力をもって説明されると、あなたは友人からの依頼に対して断りにくいのではないでしょうか。金融機関からみても、そこまでしっかり説明されると融資を断りにくいという依頼方法が望ましいといえるわけです。じつはこの3点がしっかりと説明できていないケースが多いのです。では、この3点を具体的に確認してみましょう。

(1)　いくら必要なのか

　金融機関としては、運転資金として○万円借りたいと漠然といわれても、なぜその金額なのかについて妥当な説明を受けないと融資できません。経常運転資金であれば、その額が妥当である根拠を説明する必要があります。

すでに経常運転資金がカバーできるような短期継続融資が提供されていて、追加的に運転資金を借りたいという場合は、その理由を具体的に説明する必要があります。売上が増加しているからなのか、在庫を保有しておく期間が延びるためか、あるいは原材料価格の高騰のためなのか。財務コンサルタント＝CFOとしては、2点目の「何に使うのか」と関連づけて明確に説明ができなくてはなりません。

　ただし、運転資金の融資にあたっては、月商の3ヵ月分程度を上限とする金融機関もありますので、注意が必要です（1ヵ月分の販売費および一般管理費の合計額を上限とする金融機関もあります）。

(2) 何に使うのか

　資金使途が明確であれば、金融機関における融資の可否の判断は容易になります。なぜなら、資金使途が明確だと、1点目の「いくら必要なのか」も明確になるので、融資判断は次に述べる「どのように返すのか」に的を絞ればよいことになるからです。一方で、運転資金やシステム開発などの資金はその使途の具体的な対象物がなかなかみえにくいという理由から、融資判断がむずかしいと金融機関は感じています。

(3) いつ返せるのか（どのように返すのか）

　当然のことですが、融資判断では、この3点目のいつ返せるのかが一番重要なポイントとなります。ただし、これも(1)、(2)の質問と密接な関係があります。

　建設業でいえば、工事完了まで入金がなく、それまでの工事原価の支払資金が不足するために融資を申し込むという場合は、工事代金が入金になってからの返済となります。金融機関に対しては、どの企業から工事を受注したのか、その工事の工程表や入金スケジュールなどを示すことができれば、融資を受けやすくなります（金融機関は融資申込みを断わりにくくなります）。

　小売業で商品の仕入資金が必要だとして融資を申し込んだ場合、その仕入れた商品が販売されて入金になったときに返済するのが原則です。しかし、

商品を継続的に仕入れて販売していくのであれば、その商品を一定期間在庫として保有し、売上代金が回収されるまでの期間と買掛金を支払うまでの期間のズレから発生する資金不足をまかなう資金も必要です。

　この場合、商品の販売を継続する限り、資金が継続的に必要な状態が続きます。この不足額をカバーするという資金使途を経常運転資金といいます。経常運転資金の調達方法は当座貸越や手形書換などの短期継続融資が望ましいことについてはＱ１-３を参照してください。当座貸越と手形書換については、Ｑ１-４で説明します。

　設備投資であれば、その投資によってどのようなキャッシュフローの増加が見込めるのかということと、そのキャッシュフローによって借入金の返済が問題なくできることを説明しなければなりません。問題なく返済できるかどうかは、返済期間の設定と関係します。原則として取得する設備の償却年数にあわせた返済期間を設定しますが、余裕をもって償却年数に１割から２割を上乗せした返済期間を依頼してみることも心がけておきましょう。

良くない融資申込みの例

　さて、ここで融資依頼の「悪い例」を具体的にみてみましょう。

　　事業者（経営者）「最近、資金繰りが厳しめなので融資をしてほしい」

　　金融機関「いくら必要ですか」

　　事業者（経営者）「そうだな。2,000万円くらい借りておこうかな」

　　金融機関「返済期間はどうしますか」

　　事業者（経営者）「ひとまず、半年くらい借りておこうかな……」

　　金融機関「では、手形貸付でひとまず1,000万円を６ヵ月間融資しますね。６ヵ月後には一括返済していただきます。その実績によって、追加の1,000万円の融資を判断させてください」

　そして、６ヵ月後……

　　事業者（経営者）「資金繰りが厳しいので一括では返せない」

　　金融機関「ひとまず期限の延長で対応しますが金利は上げさせてくだ

さい。あと、今後の返済計画も作成してください」

今後、金融機関の対応はますます厳しくなるはずです。

上手な融資申込みの例

融資依頼の「良い例」は次のとおりです。

事業者（CFO）「最近、資金繰りが厳しいのですが、それはＡ社から受注が獲得できたので売上が月に1,000万円増えているためです。その結果、経常運転資金が不足しています。

さらにＡ社との取引を拡大していきたいと思っていますので、今後もこの状況は続く見込みです。したがって、増加運転資金として3,000万円の新規融資をお願いします。できれば、返済のない短期継続融資をお願いしたいです」

ここで、今後、経常運転資金がどのように増加するかを説明し、3,000円の融資が必要な根拠を示します。

金融機関「なるほど、増加運転資金としては適正な範囲ですね。短期継続融資としては３ヵ月の手形貸付で支援をさせていただきます。進捗状況をみながら、継続を検討させていただきます」

事業者（CFO）「当面はＡ社との取引実績を継続的に開示しますので、半年後には当座貸越の設定をご検討ください。手形貸付は印紙代がもったいないし、融資手続も煩雑だと思うので」

金融機関「ありがとうございます。そういった建設的な融資のお申込みをいただくと、審査がとてもしやすいです。当座貸越については検討しておきます」

このように説明の仕方により、結果に差が出ることが少なくありません。

資金調達に関するクイズ

(1) 問　題

　金融機関からみて、融資のしやすい業種としにくい業種があります。本項の内容を参考にして、以下の業種を融資のしやすい順に並べてみましょう（コロナ禍の影響を受けやすいなど特殊事情は考慮しない）。

① 飲食業

② システム開発業

③ 建設業

④ サービス業

⑤ 卸売業

⑥ 小売業

⑦ 製造業

⑧ 不動産賃貸業（収益不動産を取得する融資）

(2) 答　え

⑧ 不動産賃貸業（収益不動産を取得する融資）　　　融資しやすい

① 飲食業

⑦ 製造業

⑥ 小売業

⑤ 卸売業

③ 建設業

④ サービス業

② システム開発業　　　　　　　　　　　　　　　　融資しにくい

(3) 解　説

　金融機関によっては多少、差があるのかもしれませんが、私が運営している経営革新等支援機関推進協議会の研修で、会員の先生方にこのクイズに挑

戦してもらったところ、銀行、信用金庫出身の先生方の回答は皆同じになりました。

　さて、前述の3つの視点から考えると、金融機関にとっては不動産賃貸業がいちばん融資しやすい業種です。何に使うのか、いくら必要なのか、どのように返済するのかが明確かつわかりやすいからです。また、資金使途である不動産を担保に入れることができる＝いざとなれば物件を売って回収できるという面からも、融資しやすい案件といえます。

　2番目の飲食業は、コロナ禍の深刻な影響を受けた業種なので、融資判断が厳しくなったのは否めませんが、コロナ禍前は不動産と同様に3つの点を明確にしやすいので、融資を進めやすかったといえます。

　3番目の製造業の資金調達は設備投資が中心となり、融資機会が定期的に発生するので、製造業に対する融資を積極的に進めたいという地域金融機関なども多いようです。6番目以下の業種への融資の資金使途は、運転資金が中心になってきます。運転資金は資金使途の実態、その実在性、金額の妥当性について確認しにくいため、融資がしにくいのです。

　建設業への融資が厳しい部類に入るのは、資金繰りの変動が激しい業種でありながら、その必要額の妥当性がみえにくいためです。繰り返しになりますが建設業の資金調達では、受注明細、工事進捗管理表、入金予定日等の資料を常時開示することでみえにくさを解消することが有効であるように思います。

　7番目のサービス業は、アプリ開発やシステム開発以外に資金不足になる理由があまりなく、融資の必要性の根拠を見出しにくい面があります。仮にサービス業が自社のシステム開発のための資金調達を行う場合、「このアプリを開発して、サブスクモデルでこういう課金を見込んでいて……」と説明されても、金融機関はビジネスの成否を評価しにくい点も融資がむずかしいと思う理由です。

　金融機関がいちばん苦手とするのは、システム開発業への融資です。システム開発費は資産計上されていくのですが、現実にその資産価値がどの程度あるのか。上記のアプリ開発と同様に、当たれば一気に回収が進むけれど

も、外れれば返済がままならなくなる懸念があります。事業計画をもらって
も客観的に評価しにくく、融資というより投資に近い資金提供となるので、
融資が最もむずかしい業種だといえます。

....

金融機関が資金使途を重要視するのはなぜですか

A お金を借りる側の事業者からみれば、お金に色はないので、「資金使途」はあまり重要ではない事柄と感じてしまいがちです。しかし、じつは金融機関にとって、資金使途はとても重要な事柄なのです。事業者やその関係者が、そのことをあまり理解できていないのが実態です。

「資金使途違反」といいますが、融資を依頼した際に金融機関に伝えた資金使途と異なるお金の使い方をした場合、ルール違反となり、原則として金融機関から一括返済を要求されます。政府系金融機関などでは、資金使途違反をした事業者は、どんなに業績がよくてもルール違反をした事業者として履歴が残り、かなりの長期間融資を受けられなくなります。金融機関は、たしかにお金に色はないのだが、その使い道は正しく健全であってほしいと考えています。

また、運転資金のなかでも経常運転資金といわれる資金使途の理解はとても重要です。中小企業の資金繰りに大きな影響のあるテーマですので、しっかりと理解を深めておきましょう。

◤ 資金使途の分類

中小企業が融資を受ける場合、すべての融資を「事業融資」と呼びます。事業融資は2つに区分できます。運転資金と設備資金です（図表1-3-1）。

設備資金でない資金使途はすべて「運転資金」として考えます。運転資金は経常運転資金とその他の運転資金に分けてとらえます。中小企業金融を理解するには、この経常運転資金の理解がとても重要です。

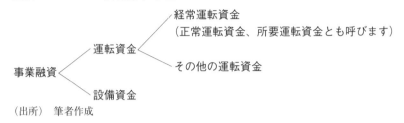

図表1－3－1　事業融資の区分

```
                              経常運転資金
                              （正常運転資金、所要運転資金とも呼びます）
                   運転資金
事業融資                        その他の運転資金

                   設備資金
```

（出所）　筆者作成

経常的に発生する収支ズレの不足を補うのが経常運転資金

　売上があがった瞬間に現金入金となる事業は少なく、ほとんどの事業は売掛金や受取手形といわれる入金になるまでタイムラグが生じるような売上代金回収方法となっています。また、商品（製品）を販売する事業ならば、商品を売れるまで在庫として保管しておく場合が多いでしょう。その場合、在庫に相当する金額はお金にならずに滞留している状態が続きます。ここではひとまず、売掛金も在庫もお金が入ってこない状態なので、資金収支としてはマイナスに働くとして認識しておきます。

　一方、仕入に対する支払も売上と同様に、仕入れたその場で支払うことはほほありません。買掛金や支払手形といわれる、支払を一定期間猶予してもらう支払条件が多いはずです。これはお金が出て行かないこと、つまり、資金が残ることを意味するので、資金収支としてはプラスの働きがあると認識しておきます。

　じつは事業を継続している限り、このプラスとマイナスの状態は恒常的に発生しています。具体的に説明しましょう。

　あなたがある製品を販売する商社を開業すると想定してみましょう。販売先はさまざまな製品を扱う大手の量販店で、毎月2,000万円の売上が見込めそうです。販売先の支払条件は、月末締めの翌々月支払と決まりました。大手だから厳しいですが、仕方ないですね。次に大手量販店から、品切れにならないように在庫をある程度準備しておいてほしいといわれます。およそ

図表１－３－２　開業３ヵ月後の貸借対照表

１ヵ月の売上	2,000万円	１ヵ月の仕入	1,800万円
		１ヵ月の粗利額	200万円

売掛金	4,000万円	買掛金	1,800万円
在庫	2,000万円	差額	4,200万円
資産		負債	

この差額4,200万円は何を意味するのでしょうか

（出所）　筆者作成

　１ヵ月分の売上に相当する在庫が必要となるとしましょう。一方、仕入先からは月末締めの翌月支払を要求されました。ちなみに、製品の粗利益率は平均10％です。さて、こうした事業のケースではどのような資金が必要となるでしょうか。

　図表１－３－２の下の表をバランスシート（貸借対照表）といいます。左側は所有する資産を表しています。右側は負債といって、仕入支払を猶予してもらっている金額などが計上されます。バランスシートの左右をあわせるためには差額を埋める必要があります。この事業を始める際、あなたは、4,200万円の自己資金が必要なのです。もちろん他の事業用資産も必要ならば、別途追加で自己資金が必要となります。自己資金を用意できない場合は借入金でまかなうしかありません、この差額が経常（正常）運転資金となる金額です。開業時の資本金が1,000万円なら、不足する4,200－1,000＝3,200万円を金融機関から借りる必要があるのです。

　さて、もしこの事業が軌道に乗り、売上が倍になったら、この経常運転資金はどうなるでしょうか。

　図表１－３－３でみてのとおり、差額＝不足額は倍になりました。事業が好調に立ち上がり、とても喜ばしいことと喜んでいる場合ではありません。いち早く不足資金の調達を考えなくてはいけません。利益を出して正常な経

図表1-3-3　月商が倍になった後、3ヵ月後の貸借対照表

1ヵ月の売上	4,000万円	1ヵ月の仕入	3,600万円
		1ヵ月の粗利額	400万円

売掛金	8,000万円	買掛金	3,600万円
在庫	4,000万円	差額	8,400万円
資産		負債	

（出所）　筆者作成

営をしていても、事業をしている限り、この収支ズレ分を補てんするだけの自己資金がなければ、借入をしなくてはいけない。正常な経営でも資金不足になる状態がありうるという認識を、金融機関はもってくれています。

　さらに、この資金使途は単なる「収支ズレ」ですから、事業をやめた時には最終的に代金が決済されて融資金相当の金額が手元に残るはずです。必ず手元にお金が残る＝返済に問題がない正常な借金といえるわけです。よって、金融機関は運転資金のなかでもこの収支ズレの運転資金を「経常（正常）運転資金」と呼び、他の事業資金から区分してとらえています。この経常運転資金は恒常的に発生する資金不足ですから、返済する必要のない融資形態で調達するのが望ましいといえます。

　「返済する必要のない融資形態」という言葉に違和感を覚えるかもしれませんが、より正確には短期融資の借換えを継続するということであり、「短期継続融資」と呼ばれます。具体的には、金融機関で手形書換（「短コロ」などとも呼ばれます）、当座貸越と呼ばれる融資形態がこれに当たります。短コロと当座貸越についてはQ1-4で解説します。

 ## その他の運転資金

　経常運転資金以外の運転資金は、一時的な資金不足を補うための資金で、短期で返済ができる性質の資金使途となります。運転資金の代表的な資金使

途には次のようなものがあります。これらはその資金需要がなくなったら、すぐに返済が必要となる資金使途です。

・賞与資金
・納税資金
・季節性の資金（年末資金など）
・設備つなぎ資金

　最後の設備つなぎ資金とは、建物や工場を建築するのに必要な資金は設備資金として、長期の借入金で調達するのですが、完成までの期間が長い場合は、資金が必要となる時期も段階的にやってくるため、手形貸付などの短期融資を順次、複数回、実行していって、完成と同時にその手形貸付をまとめて長期に振り替えるということをやります。長期融資に振り替えるまでの融資の資金使途を設備つなぎ資金と呼びます。

　すでに述べたように、金融機関には一般的に、運転資金は月商の3ヵ月程度が上限という認識があります。それ以上だと、特別な事情があるのか、滞留在庫や回収不能となった債権が存在するのではないかなどと財務状況に疑念を抱かれることにつながりますので、留意しておきましょう。

 ## 設備投資

　設備投資は固定資産の取得となるはずなので、証書貸付という長期借入金（固定負債）で調達するのが望ましいといえます。また、その返済期間は、償還年数にあわせた期間、または、それを上回る期間を設定するようにしましょう。

　金融機関からは時折、償却年数を下回る期間での融資の提案がある場合があります。実際にその提案をした金融機関から話を聞いてみると、「今回は設備資金ではなく、長期運転資金として5年間の融資をします。そのほうが審査が通りやすかったので」とのことでした。その設備の償却年数は7年でした。今後の業績に問題がなければいいのですが、業績が厳しくなった場合には、資金繰りの悪化を招く要因となります。この場合、償却年数は7年な

ので10年の長期資金で調達がしたいと再度交渉することが、正しいCFOの行動といえます。

　また、現在、資金が余っていることから、あらためて借入を起こさずに設備投資を行った事業者がありました。その会社のバランスシートをみると、短期借入金を多めに借りていて、長期借入金がほとんどない状態でした。実態としては短期借入金で固定資産を取得してしまったことになります。これは資金使途違反もさることながら、そもそも短期借入金が過剰なので、金融機関から過剰な部分を減額しますといわれても仕方がないのです。しかし、すでに設備投資に資金が流出してしまっているので、いきなり減額するといわれたら資金ショートに陥る懸念が生じます。私はCFOの立場として、短期借入枠を減らし、長期資金に一部振り替えたいと金融機関に申し出ることを助言し、融資の組換えを行いました。また、その経営者には当初から固定資産は長期資金で調達するべきだと助言をしました。

 ## 資金使途違反に要注意

　製造業における生産設備の取得や、飲食業における店の改装工事は設備投資ということになります。運転資金は範囲が広く、資金使途違反はあまり起こりにくいのですが、設備資金として借りたお金を他の用途に使った場合は明確に資金使途違反になるので注意が必要です。

　たとえば、機械設備取得のため設備資金として1,000万円を借りましたが、当初予定していた機械の購入をやめて500万円の機械にしたとします。余った500万円を運転資金として使ってしまった場合も、原則として資金使途違反となります。この場合、金融機関から差額を返金してくれといわれても仕方ありません。事情を金融機関に説明して、設備資金500万円、運転資金500万円ということであらためて融資の申込みをし直せばいいのです。

　金融機関にまったく報告せず、その後、金融機関が決算書をみて「以前に融資した際の設備が計上されていないが、どうなったのか」と聞いてきた時、別の機械を買って、余ったお金は運転資金に回したという回答をしたた

めに、「差額をすぐに返済せよ」といわれ、すぐには返済できないので問題となるケースを時々見かけます。

Q 1-4　融資の形態を理解する

．．

　融資に強くなるためには、どのような知識をもつ必要がありますか

A 　融資に強くなるには、融資形態とその特徴について理解を深めること
が重要です。その結果、財務コンサルタントとしての信頼が高まり、
役割を発揮することができます。

■ 短期融資と長期融資

　融資形態には大きく分けて短期融資と長期融資があります。短期融資と長
期融資の違いは、返済期間が1年以内か、1年を超える融資なのかです。
〈短期融資〉
・手形貸付
・当座貸越
〈長期融資〉
・証書貸付
・資本性劣後ローン
・社債
　中小企業金融においては、上記の融資の種別を理解しておく必要がありま
す。

■ 短期融資の種別

(1)　手形貸付

　短期融資で最も一般的なのは手形貸付です。手形貸付では、借手が図表

図表1－4－1　約束手形の券面

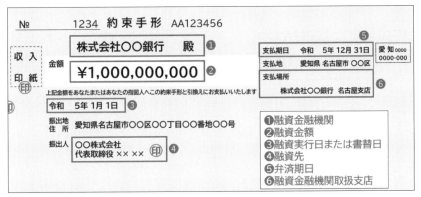

（出所）　筆者作成

1－4－1のような金融機関所定の約束手形を金融機関宛てに振り出して借入を行います。支払期日は3ヵ月先や半年の期日を設定するのが通常です。支払期日には、通常の支払手形と同じように決済（返済）が必要となります。

〈短コロとは？〉

中小企業金融にはいくつかの専門用語がありますが、「短コロ」と呼ばれる用語を聞いたことがありますか。短期融資を転がす（返済と融資を繰り返す）から短コロです。

通常、融資というと、数年かけて分割して返済していくイメージをもちますよね。住宅ローンなどは何十年もかけて返済します。しかし、この短コロの特徴は、実際に返済が行われることはないことです。返済をせずに、返済期日に3ヵ月や半年先の期日が書かれた手形を新たに差し入れること（手形書換といいます）で、同じ金額を継続して借りたままにできるのです。

「いったん返済をしなくていいの？」

そうなんです。金融機関の事務処理としては、先に融資を実行して、その資金で既存の融資を返済することになります。これを回収後実行とか、ロールオーバーと呼んでいます。実態としては回収前実行なのですが……。新たな手形を差し入れることで支払期日を更新してもらうようなイメージです。

通常、手形は金融機関に当座預金口座を開設しないと発行できないのですが、手形貸付では金融機関制定の約束手形を利用しますので、当座預金口座をもっていない企業でも手形を振り出して、借入ができます。

(2)　当座貸越

銀行の融資商品にカードローンがあるのはご存知だと思います。決められた借入極度枠の範囲で必要な時に借りて、好きな時に返済ができる。利息は極度枠を使って借り入れた額にだけかかり、反復利用ができる利便性の高い融資商品です。

これが事業融資の商品としても存在します。カードローンとまったく同じ形態の融資を企業も利用できます。カードローンというのは商品名で、契約形態は当座貸越契約ということになります。また、当座貸越は当座預金と別ものですので、手形貸付と同様に当座預金口座を開設していなくても当座貸越は利用できます。メガバンク等は、当座貸越を「コミットメントライン」などと呼ぶことが多いです（コミットメントラインという表現をする理由は後述します）。

〈当座貸越は中小企業金融における最高峰の融資形態〉

当座貸越は事業者にとって大きな利便性や経済性が存在しますのでお勧めです。

企業の資金残高の増減には毎月決まったパターンがあります。とりわけ中小企業の場合、月末には資金が不足気味で、月初には資金が潤沢にあるといった変動が繰り返されていると思います。当座貸越なら、資金が足りなくなるたびにいちいち融資を申し込む必要がなく、決められた極度枠の範囲内で、伝票1枚起票するだけの簡易な手続で、口座から預金を引き下ろすような感覚で利用（借入）できます。返済も同様に好きな時にできます。その気になれば1日単位で借りたり、返したりができるのが当座貸越です。

融資の利息は、実際に借り入れた額について日割りで計算されますので、返済している（利用していない）ぶんの金利負担が減ることになります。手

形貸付のように借りっぱなしの融資ならば、金融機関としては融資額相当の金利収入が確定しますが、当座貸越ではどれだけ大きな極度枠があっても使ってもらわないと利息が発生しません。

　必要な時に必要な額を借りて、不要なときは返済して借入を減らしておくことが自由にできるので、事業者としては効率的な資金調達ができます。反面、当座貸越の設定は銀行の収益性からすると、あまり嬉しくない融資商品ということになります。金融機関からは、財務内容の良好な先だと当座貸越でないとお金を借りてくれないと嘆く声も多く聞かれます。

〈当座貸越利用に関する注意喚起〉

　当座貸越の利用について注意喚起もしておきたいと思います。

　当座貸越を獲得できる事業者は財務内容が比較的良好で、多くの金融機関が融資をしたいと考える企業が多いといえます。金融機関の融資判断基準の特徴として、他の金融機関と横並びの支援はしやすいという面があります。ある銀行が事業者に対して当座貸越枠を設定した場合、同じ程度の当座貸越枠を設定しないと競争に負けてしまう、融資を利用してもらえないと考えることから、他の金融機関も当該事業者に対して他行と同レベルの当座貸越枠の設定をしてほしいと働きかけます。

　このように各金融機関から当座貸越の提案をしてもらった結果、その事業者にとっては過大な金額の当座貸越枠が設定されてしまうことがよくあります。問題なのは、当座貸越が便利で、資金使途も自由であることから、経営者が当座貸越で引き出した資金で有価証券投資を行ったり、ひどい場合は個人で使うための自動車や不動産を購入してしまったりするケースがあることです。当座貸越枠の利用は経常運転資金額を上限とした運転資金に使途を限定し、他の借入は着実に返済を進めていくという財務方針を維持すべきです。

　金融機関は財務状況が良いときは目をつむってくれているかもしれませんが、ひとたび財務状況が悪化した場合、金融機関から、そもそも当座貸越枠の資金使途が想定と違う、経常運転資金額を超える当座貸越の利用は継続できないといわれかねません。その時に返済原資がすぐに確保できないと、資

金繰り上、大きな問題となります。

　財務コンサルタントとしては、そうしたことにならないように、過大な当座貸越枠の利用を注視し、経常運転資金に照らして過剰な借入を長期借入に組み換えて、着実に返済を進めていくというような財務のバランスの見直しの指導も必要になるのです。

〈当座貸越とコミットメントラインとの違い〉

　先に、メガバンクは当座貸越ではなく、「コミットメントライン」という名前を使っていると述べました。さて、その理由は何でしょうか。英語表現が好きなだけというわけではありません。じつは、それにはちゃんと理由があります。

　当座貸越では金融機関が事業者に対して借入を自由に行うことを認めるわけですから、その反面として貸倒れを防ぐために、事業者に対して一定の財務状態を維持するための規律を求めることになります。その規律をコベナンツ（誓約事項）といいます。事業者がコベナンツの遵守をコミット（確約）することから、コミットメントラインというわけです。逆にいうと、金融機関が事業者の財務面の不安を理由にして当座貸越枠の設定を躊躇する場合、こうしたコベナンツを受け入れることで当座貸越枠の設定が可能となるケースがあります。

　どんな確約をするかは、金融機関と事業者が個別に協議のうえ取り決めます。以下に、コベナンツのおもな事例をあげておきます。

・売上代金は当座貸越を利用する銀行の口座に集約すること（売上債権の実態をみえるようにするため）

・毎月決められた期限内に月次試算表の提出を行うこと（財務状況の悪化等を早めに把握するため）

・２期連続経常赤字を計上しないこと（潰れにくい財務を維持するため）

・設備投資に年間上限額を設定（キャッシュフロー悪化を抑制するため）

・自己資本が現在より30％以上毀損しないこと（潰れにくい財務を維持するため）

　これらの条件に違反（以下、「抵触」といいます）した場合、金利を引き上

げる、あるいは、担保を徴求する、または、当座貸越契約を解除して金銭消費貸借契約に切り替えるなどの措置が講じられます。

長期融資の種別

(1) 証書貸付

長期融資の形態は基本的に、証書貸付となります。ここで「証書」とは、金銭消費貸借契約を取り交わすことを意味します。設備資金を証書貸付で借りるのは一般的ですが、住宅ローン、マイカーローン、教育ローンなどはどうでしょうか。じつはこれらも同じく契約形態は証書貸付なのです（図表1－4－2）。

〈資本性劣後ローンとは？〉

証書貸付には変わりないので、借手の貸借対照表では負債に計上されますが、金融機関には「資本性劣後ローン」による融資は資本とみなすというルールがあります。このため、資本性劣後ローンを借りると資本が増強され、財務内容が改善するという効果があります。また、株式ではないため、議決権への影響はありません。

特徴としては、

・無担保・無保証人

・期限一括返済（利息は毎月払）

となり、満期までの間は利息のみの支払となります。そのため、融資期間中

図表１－４－２　さまざまな証書貸付

```
        ┌ 一般証書貸付
        │ マイカーローン
証書貸付 ┤ 住宅ローン
        │ 教育ローン
        └ 資本性劣後ローン
```

（出所）　筆者作成

は元金の返済負担がなく、月々の資金操り負担を軽減することができます。

　日本政策金融公庫の新型コロナ対策資本性劣後ローンは、コロナ禍前から存在していた資本性劣後ローンに比べて要件が緩和され、かなり使いやすくなっています。申込みに必要とされる経営行動計画書も従前の書式に比べて簡易な内容となっています。

　しかし、新型コロナ対策資本性劣後ローンの審査においては、民間の取引金融機関も相応にリスクをとった融資を行うことが前提となるといわれます。アフターコロナにおいて財務が傷んだ事業者を支援するにあたっては、資金提供の緊急性が高いので、早く審査を進めなくてはなりません。また、事業者に精緻な事業計画の作成を求めたとしても、厳しい環境が続くなかで計画の実現可能性を判断することは容易ではありません。そこで、民間の金融機関において事業者を簡単に見放すことなくプロパー融資でリスクをとる姿勢がみられるならば、その事業者は生き延びる可能性が高いだろうという考え方がみてとれます。

　また、資本性劣後ローンを投入することで、傷んでしまった事業者の財務が一挙に改善することから、民間金融機関もリスクをとりやすくなる、すなわち、融資がしやすくなるという相乗効果が見込まれます。資本性劣後ローンはその融資による資金供給だけが目的ではなく、民間金融機関の融資を引き出すという目的もあるのです。

　そこで検討すべきは、日本政策金融公庫から資本性劣後ローンの供与を受けると同時に、民間金融機関から短期継続融資を獲得することです。アフターコロナでは、政府系金融機関が資本に相当する長期間返済する必要のない長期融資を提供するわけですから、民間金融機関は財務内容の観点からこれまで短期継続融資を提供しにくかった中小企業に対しても短期継続融資でできる限りの支援をすることが求められるといえるのではないでしょうか。これにより、コロナ禍で傷んだ中小企業の資金繰りが飛躍的に改善するはずです。

⑵ 社　　債

　中小企業でも取締役会または株主総会の決議で、資金調達のために社債を発行することができます。公募債の発行は金融商品取引法等による厳格な規制があるため、私募債を発行します。一般的に利用されているのは、発行手続を銀行が代行してくれる銀行保証付き私募債です。

　私募債は金融機関からの借入と異なり、償還期間・償還方法・利息などを発行する事業者が任意に設定することが可能です。一定の財務水準を満たした企業だけが発行可能なので、私募債の発行により企業の財務内容が健全であることをアピールできるといわれています。一方で、発行に係る手数料や、銀行の保証料などを加味すると社債の金利以外にも費用が発生するため、金融機関からの借入に比べてコストが高額になってしまうケースも少なくありません。

Q 1−5 金融機関の種類と利用方法

金融機関にはいろいろな種類があるようですが、どの金融機関とどのように取引するのが理想ですか

A 政府系金融機関から民間金融機関までさまざまな種類の金融機関が存在します。事業者の成長段階や資金需要の種別に応じて金融機関の利用のしやすさや、その有効性も変わってきますので、適宜、金融機関取引を見直していくことが賢明です。円滑な金融機関取引の実現は、CFOの重要な担当業務といえます。

金融機関の種類

融資業務を行う金融機関としては、政府系金融機関と民間金融機関があります。民間金融機関が融資をする際に信用補完のために利用する、各都道府県の信用保証協会も政府系金融機関の一つです（図表1−5−1）。

(1) 政府系金融機関

「政府系金融機関」とは、政府からの出資によって特殊法人として設立された金融機関を指し、次の5つの機関があります。
① 株式会社日本政策金融公庫
② 株式会社国際協力銀行
③ 沖縄振興開発金融公庫
④ 株式会社日本政策投資銀行
⑤ 株式会社商工組合中央金庫

以上のうち、②から④は中小企業にはあまり縁のない金融機関ですので説明を省き、①の日本政策金融公庫と商工中金について説明します。

図表１−５−１　中小企業融資の全体像

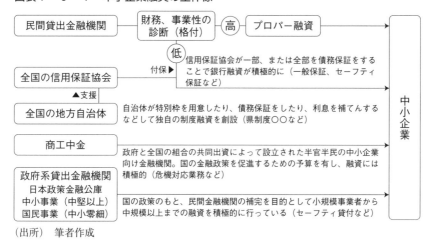

（出所）　筆者作成

〈日本政策金融公庫〉

　日本政策金融公庫は、「国民生活事業」「中小企業事業」「農林水産事業」という３つの事業から構成されています。

　日本政策金融公庫「国民生活事業」は、個人事業主や創業時の企業など比較的事業規模の小さな企業を対象とした融資を行います。どこまでが小規模なのかはなかなか線引きが明確でないので悩むところですが、１つの目線としては、新型コロナ特別融資を除いて、無担保の融資枠が2,000万円程度までは国民生活事業となり、それを超えるような無担保での融資が必要となる事業者は「中小企業事業」が窓口となるのが実態のようです。

　とはいえ、ある事業者の既存融資額が2,000万円を超えると、すぐに中小企業事業の窓口が対応してくれるかというと、そうではありません。融資金額ではなく、事業規模の大きさに応じて、どちらの窓口となるかが決められています。事業規模も明確ではないのですが、売上の規模ではなく、販売費および一般管理費の合計額が5,000万円を超える場合は、おおむね中小企業事業の扱いとなるという運用がなされているとのことです。

　「農林水産事業」はその名のとおり、農林水産業と食品産業に融資を行う窓口です。

〈商工中金〉

　商工中金とは略称で、正式には「株式会社商工組合中央金庫」といいます。政府と民間の共同出資で設立された株式会社です。

　商工中金は普通の銀行と同じ業務を行っており、民間の都市銀行や地方銀行に比べて遜色はありません。政府系金融機関としては、新型コロナ関連融資でそうだったように、独自の危機対応の融資制度を日本政策金融公庫とは別枠で提供できることが魅力になっています。

　商工中金の貸出金利は比較的低いとされており、民業圧迫だと民間金融機関からクレームが入ることもあるそうです。実際、平均的な貸出金利は年利１％台となっており、民間の金融機関に比べれば破格です。

　融資取引のメリットが大きい金融機関と思いますが、商工中金の株主か、株主団体の構成員でなければ、融資を受けることができません。株主団体の構成員になるための簡便な方法も用意されています。また、一定の企業規模があることも要件となり、一般的には年商１億円以上の事業者でないと取引はむずかしいとされています。

⑵　民間金融機関

　民間金融機関はおおむね、
① 　信用金庫・信用組合
② 　地方銀行・第二地方銀行
③ 　都市銀行（メガバンク）
に分類することができます。

〈信用金庫・信用組合〉

　相互扶助を目的とした協同組織の金融機関です。金庫・組合の構成員（会員・組合員）にならないと融資を受けることができません。取り扱う商品やサービスは銀行とほとんど変わりませんが、営業する地域や顧客が限定されます。たとえば、信用金庫の場合、その信用金庫の営業地域に事業所を有する者であり、従業員300人以下または資本金９億円以下でないと融資取引ができないなどの制約があります。

〈地方銀行・第二地方銀行〉

　各都道府県に本店を置き、商圏内の大手・中堅・中小企業との取引を中心に行う銀行として、「地方銀行」と「第二地方銀行」があります。次のような違いがあります。

・地方銀行……「全国地方銀行協会」に加盟する銀行。横浜銀行、京都銀行、静岡銀行など62行（2023年5月現在）。

・第二地方銀行……「第二地方銀行協会」に加盟する銀行。相互銀行や信用金庫から、1989年以降に普通銀行へと転換した銀行です。

　私が居住している東海3県では、地方銀行として百五銀行（三重）、十六銀行（岐阜）、大垣共立銀行（岐阜）、第二地方銀行として名古屋銀行、愛知銀行、中京銀行、三十三銀行などがあります。

〈都市銀行〉

　「都市銀行」とは、全国的に支店を展開して業務を行う銀行で、一般的には次の4行を指します。

・三菱UFJ銀行

・三井住友銀行

・みずほ銀行

・りそな銀行

　三菱UFJ銀行、三井住友銀行、みずほ銀行の3行は、その規模の大きさから「メガバンク」とも呼ばれます。

 ## 各金融機関の利用方法

(1)　創 業 時

　創業時の融資は日本政策金融公庫の新創業融資制度、新規開業融資を利用するのが最も有効な資金調達方法だといえます。原則、無担保・無保証人の融資制度であり、実績の乏しい事業者には欠かせません。

⑵　設立から２年目まで

　設立から２期目の決算を迎えるまでは、金融機関も財務内容等の正確な評価（以下、「信用格付」といいます。Ｑ３－４参照）ができないので、「保証付き融資」が中心となります。信用保証協会の保証付き融資については、Ｑ１－６で解説します。

　設立後２期目までの決算はとても重要です。この２期を順調に過ごすことができれば、保証付き融資からプロパー融資への移行も可能になるからです。保証付き融資がほとんどだった借入が民間金融機関からのプロパー融資に切り替わって、はじめて民間金融機関から取引先として認められる財務内容になったといえます。

　逆に保証付き融資が中心となっている資金調達のままであれば、金融機関からみて信用度が低い＝リスクがあるとみられている証拠なので、改善すべき項目が存在するはずです。改善すべき点を明確にして、すべての融資がプロパー融資に切り替わるように事業者をサポートするのがCFOのとても重要な任務となります。

⑶　３年目以降

　事業者の規模に応じて取引金融機関は異なってきます。

　小規模事業者については、地域密着型で、中小企業や個人事業主の経営支援に主眼を置く「信用金庫・信用組合」との取引を中心とするのがお勧めです。地方銀行や都市銀行に比べて金利は高いかもしれませんが、担当者の訪問頻度が高く、金融機能の提供以外の経営支援にも注力してくれる場合があります。

　年商で１億〜10億円の中小事業者ならば、地方銀行・第二地方銀行との取引を中心にすることをお勧めします。信金・信組と同様、地域密着型を標榜しながら、メガバンクにも負けない融資金額や融資条件を提示してくれる場合が多いのが実態です。

　年商で10億円を超える大規模事業者はメガバンクとの取引を中心とするの

がお勧めです。大口の融資に対応できるだけでなく、時には事業戦略の内容に入り込んで、専門的なファイナンスのスキームを提案してくれます。

金融機関との融資取引の進め方

　金融機関との付き合い方は、経営者がとても興味をもつ情報です。そこで、財務コンサルタントとしては、金融機関との融資取引の進め方に関する知見を高めておくことで経営者の信頼を獲得することができます。いくつかのトピックスを紹介します。

⑴　複数の金融機関と付き合う

　複数の金融機関と付き合うことで競争原理が働き、より有利な融資条件を獲得できるメリットがあるのはもちろんですが、それ以上に資金調達の安定という効果が期待できます。

　民間の金融機関においては、営業店ごとに融資に対する決裁権限が設定されています。決裁権限とは、支店長の権限でいくらまではプロパー融資をしてもよいとか、金利はどこまで引き下げてもよいなどの判断をする権限です。

　その権限の大小は、金融機関の規模によって異なりますし、支店の大きさによっても異なります。たとえば、メガバンクの大型店舗では、支店長の権限で5億円までの融資ができるケースがあります。信用金庫の小規模店舗であれば500万円までの決裁権限しかなく、それを超える場合は本部審査となります。地方銀行の支店長の権限は、店舗の規模に応じて1,000万〜5,000万円といったところでしょう。

　金融機関としては、いちいち本部に稟議を上げなければならないような案件より、店長権限で実行できる融資のほうが進めやすいというのが本音です。プロパー融資を獲得または増額する秘訣として、店長権限程度のプロパー融資を複数の金融機関から分散して借りるという方法があります。

また、融資を受けている金融機関が1つだけだと、資金調達必要額が増加したときに、本部の審査に時間がかかりますし、業績が悪化した場合に、その金融機関が融資してくれなければ、新規に融資をしてくれる金融機関を探さなければなりません。業績悪化時に新しい金融機関を見つけようとしても、簡単には見つからないはずです。

　このように資金調達先を分散しておくことは、資金調達力を高めることになり、財務力の向上につながるといえます。

⑵　アフターコロナの金融機関との付き合い方──資金繰りを共有する

　債務超過ではなく、黒字経営を続けている事業者であれば、アフターコロナにおいても金融機関の付き合い方に大きな変化はないといえます。一方で、アフターコロナでも連続して赤字を計上している事業者や、その結果、債務超過に至ってしまった事業者も少なくないと思います。

　業績悪化により通常の判断基準では融資できない事業者が増加するのではないかと神経を尖らせながらも、深刻な影響を受けた企業でも何とか支援して立ち直らせたいという使命感をもつ金融機関が増えていると感じます。国は特別な保証制度を創設する一方で、金融機関に対して「伴走型支援」という姿勢を求めています。

　これまで事業者がお金を借りる場合、事業計画書等を作成して、事業の見通しを金融機関担当者にアピールし、お金を借りる関係であったといえます。つまり、企業「お金を貸して」、銀行「検討しましょう」という関係でした。しかし、事業の見通しがはっきりとみえず、いくら借入が必要になるのかも判断しがたい、とにかく目先の資金繰りの不安がいちばんの経営課題であるという会社も少なくないでしょう。その状況では、金融機関に対して融資をお願いするというよりも、金融機関と「資金繰りの状況を共有する」ことが重要になります。

　事業の立て直しには当然、経営者の尽力が欠かせませんが、金融機関としては、事業者の資金繰りを把握することで、新規融資や借換えによる返済負

担の軽減などの対策を早めに練ることができます。債務超過が解消すれば新規融資もしやすくなるので、資本性劣後ローンの投入の検討を進める金融機関も見受けられるようになってきました。

　「これからどうしよう」「どうやってお金を借りよう」という経営者の悩みを、金融機関と共有してしまうことが得策となる場合もあるということです。具体的には、過去3ヵ月の資金繰りの実績と、向こう3ヵ月、できれば6ヵ月先までの資金繰り予定表を作成して、融資取引をしている金融機関に提供し、将来の資金繰り対策を検討、提案してもらうという方法です。顧問の会計事務所に相談すれば、会計ソフトから資金繰り実績を出力できるケースもあります。資金繰り予定表はできる限り正確かつ保守的に作成しましょう。

　とはいえ、「伴走型支援」というキーワードに甘えるわけではありません。経営者が資金繰りに悩む時間を減らし、経営者にはそのぶん事業に集中してもらうというイメージです。内閣府や金融庁からも、地域金融機関は事業者の資金繰りに受け身で対応するのではなく、事業者の経営状況と資金繰り状況に積極的に関与し、事業者を潰さないよう努めることを求める指針が出されています。

Q 1-6　保証付き融資に詳しくなろう

　信用保証協会による保証付きの融資について理解を深めたいのですが、良い方法はありますか

信用保証協会の保証制度には、一般枠に加えてさまざまな制度が存在します。また、近年では時限的に危機関連保証枠が発動されるなど、じつは金融機関の職員でもなかなか理解しにくい状況になっています。本書では、財務コンサルタントとして、必要なレベルの内容をできる限り、わかりやすく解説します。

■ 信用保証協会とは

　信用保証協会は、信用保証協会法に基づき設立された、中小企業が民間金融機関から資金調達をする際に債務保証を行ってくれる公的な機関です。47都道府県と4市（横浜市、川崎市、名古屋市、岐阜市）にあります。
　中小企業は金融機関から信用リスクが高いとみられがちなので、事業者が思うように資金調達できない場合が少なくありません。そこで、公的機関で

図表1-6-1　信用保証の仕組み

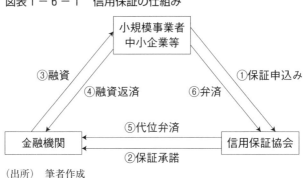

（出所）　筆者作成

ある信用保証協会が保証をすることで、民間金融機関が融資をしやすくなります。そのかわり、事業者は信用保証料を負担することになります。

　具体的には、図表１－６－１のように融資先の倒産等により貸付金の回収が困難になった場合に、信用保証協会が残債を肩代わりして返済しますので（肩代わりの結果、金融機関にかわって信用保証協会が債権者の立場に立つため、「代位弁済」といいます）、民間金融機関は貸付金を回収することができます。

　保証付き融資は、このように公的機関である信用保証協会の保証がついた融資のことで、「マル保」や「マル保融資」とも呼ばれます。一方で、保証を利用せず金融機関が自らのリスクで行う融資をプロパー融資と呼んでいます。

 ## 保証付き融資はいくらまで利用できるのか

　保証付き融資の一般的な利用限度額は１企業当り２億8,000万円で、その内訳は、無担保で利用できる無担保保証枠8,000万円と、有担保を前提とする保証枠２億円です。

図表１－６－２　信用保証協会の保証限度額

危機関連保証 売上減少割合15%以上	・無担保8,000万円（有担保２億円） ・責任共有なし
セーフティネット保証 売上減少割合 ４号　20%以上 ５号　５%以上	・無担保8,000万円（有担保２億円） ・４号　責任共有なし ・５号　責任共有あり
一般保証	・無担保8,000万円（有担保２億円） ・責任共有あり

（出所）　筆者作成

政策的な特別枠として、セーフティネット保証と危機関連保証がそれぞれ別枠で設けられていて、最大で無担保枠2億4,000万円＋有担保枠6億円＝8億4,000万円まで利用できる場合もあります。図表1－6－2のように3階建ての制度設計になっています。

2023年5月現在、危機関連保証が2021年12月31日をもって終了していますので、セーフティネット保証を加えた2階建ての設計です。セーフティネット保証枠も政策で設定された特別枠なので、利用が停止されることもありますし、業種によって利用に制限がかかるなど運用がつど見直されています。

保証付き融資のメリット

保証付き融資には次のようなメリットがあります。

① 創業間もない事業者や財務内容が厳しい事業者でも融資が受けやすくなる……保証付き融資のいちばんのメリットは、創業間もない事業者や財務内容が厳しい事業者にも保証を行ってくれるので、民間金融機関からの融資が受けやすくなることです。

② 有担保での利用の場合、金融機関より担保の評価が高い……不動産を担保に入れて融資を受ける際には、民間金融機関の担保評価よりも信用保証協会の担保評価のほうが2割程度高い傾向にあります。そこで、次のような運用がなされています。

〈事例〉

民間金融機関に1億円の融資を申し込むと不動産の担保を要求されました。

↓

差し出そうとした不動産担保の民間金融機関による評価額は8,000万円しかありません。

↓

民間金融機関から信用保証協会に当該不動産の担保評価を聞くと1億円とのことです。

↓

民間金融機関は当該不動産に極度額1億円の（根）抵当権設定をします。

↓

民間金融機関は信用保証協会との間で担保設定額1億円のうち2,000万円について信用保証協会に劣後引当を行う取決めをします（図表1−6−3）。劣後引当とは、担保権を実行する場合に、民間金融機関は8,000万円を優先的に回収し、その次に（劣後して）信用保証協会が回収するという仕組みです。

図表1−6−3　劣後引当の仕組み

民間金融機関担保評価	8,000万円	民間金融機関担保設定	10,000万円
信用保証協会担保評価	10,000万円	うち信用保証協会へ引当	2,000万円

（出所）　筆者作成

 ## 保証付き融資の留意点

(1)　信用保証料の負担がある

保証付き融資を利用する際には、信用保証協会に対して保証料を支払う必要が生じます。保証料率は図表1−6−4のように、その事業者の信用度に応じて設定されています（信用度にかかわらず、一定の保証料を設定している制度融資もあります）。

保証料率には9つのランクがあります。1番目の区分の保証料率が最も低く、9番目の区分が最も高いということから、9番目に区分される事業者の

図表1−6−4　信用保証協会の保証料率

（単位：年率％）

東京信用保証協会	一般保証より一部抜粋								
責任共有保証料率表	1	2	3	4	5	6	7	8	9
500万円以下	1.27	1.16	1.03	0.90	0.77	0.66	0.53	0.40	0.30
500万円超1,000万円以下	1.55	1.43	1.27	1.10	0.94	0.82	0.65	0.49	0.35

（出所）　東京信用保証協会ウェブサイト

財務内容が最も良好であるということがわかります。

　どのようにランクを決めているかというと、日本政策金融公庫や全国の信用保証協会は（地域金融機関の一部も）、CRD（注）というデータベース、スコアリングモデルを利用しています。CRDのスコアリングモデルでは、金融機関がもつ貸出のデフォルトデータと企業の財務諸表の推移との関連性を分析することで、どういった指標がどのような推移をすると企業はデフォルトを起こしやすいのか、財務情報が発するシグナルを読み取ることができます。簡単にいえば、統計的にその事業者が潰れやすいのか、潰れにくいのかを偏差値で表す（スコアリング）モデルとなっています。

（注）　CRDはクレジットリスクデータベースの略。全国の信用保証協会、政府系金融機関、民間金融機関が参画して構築したデータベースで、一般社団法人CRD協会によって運営管理されています。CRDには、約20年にわたって蓄積された中小企業の決算データが約2,000万件保有されています。毎年100万件を超えるデータの集積を続けており、国内最大の中小企業の信用情報データベースと呼べるビッグデータとなっています。

　民間の金融機関はこうしたクラス分けを行っていることや、事業者がどのランクになるかを表立って明らかにはしていませんが、全国の信用保証協会では、CRDスコアリングモデルで分析した結果に基づいて融資先の信用格付を9つのランクに区分し、リスクに応じた保証料率を設定、公表しています。事業者からすれば、融資申込時に決定された保証料率から自身の格付を知ることができます。

(2)　信用保証協会に対する債務が残る

　事業者が融資を返済できなくなった際には、信用保証協会が事業者のかわりに金融機関に返済してくれるのですが、事業者には信用保証協会に対しての債務が残ることになります。住宅ローンで加入する信用生命保険とは異なり、信用保証では信用保証協会が事業者に対して求償権と融資債権を取得することになるのです。また、事業者は信用保証協会に対して利息の支払にかわって年14%の遅延損害金の支払をしなければならなくなります。

⑶ 信用保証協会の利用は信用がない証拠

　信用リスクが高い事業者も融資を受けられるという保証付き融資のメリットと裏腹の関係になりますが、保証付き融資しか利用できないということは、それだけ信用度に問題があるという民間金融機関からのメッセージとなります。

　中小企業のCFOとしては、資金調達はすべてプロパー融資、しかも無担保・無保証人の融資でまかなうことのできる財務力をもつようになることを目標としたいところです。創業時や業績悪化時は仕方がないとして、脱保証付き融資を目標とした経営改善計画を策定し、財務改善に取り組みましょう。

◤ 責任共有制度とは

　保証付き融資においては、責任共有制度という信用保証協会と民間金融機関との間で定めたルールがあります。従来、保証付き融資は原則100％保証（信用保証協会が全額責任を負う）だったのですが、2007年10月から信用保証協会の負担割合は80％が原則になりました。つまり、民間金融機関は20％の割合で責任を共有するわけです。

　民間金融機関にとって保証付き融資がまったくリスクのない融資になると、融資実行後の事業者に対する継続した経営支援や再生支援をしなくなるおそれがあることから、この制度が設けられました。

　とはいえ、リーマンショックや震災、コロナ禍などの有事の際には、金融機関も中小企業の信用リスクをとれなくなりますので、セーフティネット保証、危機関連保証などの特別保証は責任共有外の100％保証とされ、民間金融機関の迅速な融資実行ができるように配慮されています（図表1－6－5）。

図表 1 － 6 － 5　責任共有制度

（出所）　筆者作成

 ## 保証付き融資における経営者保証免除の要件

(1)　経営者保証徴求の監督強化

　目下、国は経営者保証解除に向けて積極的に政策を展開しています。金融庁は2023年4月から、金融機関が経営者等と個人保証契約を締結する場合には、保証契約の必要性等について事業者・保証人に対して個別具体的に説明するとともに、その結果等を記録することを求めることとしました。一方で、金融庁に経営者保証専用相談窓口を設置し、事業者等から「金融機関から経営者保証に関する適切な説明がない」などの相談を受け付けることとしています。

　これまでのように融資で経営者保証は当たり前ではなく、経営者保証の徴求を特別なことと位置づけるという考え方に基づいた施策展開と感じます。実際に金融機関にもそのような認識が浸透しつつあります。また、日本政策金融公庫で融資を受ける際には、事業者が要件を満たしていれば、「経営者保証免除での申請もできます。どうしますか」と聞いてくるようになってきました。

　中小企業CFOとしては、保証付き融資における経営者保証の外し方についても知見を蓄えておくべきだと考えます。保証付き融資で経営者保証を外

す場合は、事業者側から経営者保証免除を申し出て、金融機関から信用保証協会に「経営者保証免除の申請」を行うことが必要となります。また、保証制度によって経営者保証免除の要件は変わります。これら制度の内容を理解し、事業者にどのような改善すべき点があるのかを明確にして、経営者保証解除に向けた取組みをサポートすることが期待されています。

⑵　コロナ借換特別保証制度における経営者保証免除の要件

伴走型支援制度が拡充されて現在はコロナ借換特別保証制度となっています。同制度における経営者保証免除の要件は次のとおりです。

①　直近の決算書が資産超過であること

②　法人と経営者の資産・経理が明確に区分されており、法人と経営者の間の資金のやりとり（役員報酬・賞与、配当、オーナーへの貸付等）が社会通念上適切な範囲を超えていないこと

経営者保証を免除する場合は、0.2%上乗せした信用保証料率となります。

⑶　事業承継特別保証制度における経営者保証免除の要件

事業承継特別保証は2020年4月から始まった制度で、金融機関のプロパー融資を保証人免除の保証協会の保証付き融資に切り替えることができます。また、先代の代表取締役と後継者となる代表取締役の両方とも経営者保証免除となります。同制度における経営者保証免除の要件は次のとおりです。

①　資産超過であること

②　返済緩和中ではないこと

③　EBITDA有利子負債倍率（（借入金・社債－現預金）÷（営業利益＋減価償却費））15倍以内

④　法人と経営者の分離がなされていること

⑷　その他の保証付き融資における経営者保証免除の要件

〈金融機関関連型〉

下記の①または②のいずれか、および③を満たすほか、④に示すように法

人と経営者の一体性解消を図っている（図ろうとしている）こと。

① 取扱金融機関において、経営者保証を不要とし、かつ担保による保全が図られていないプロパー融資残高がある

② 取扱金融機関において、経営者保証を不要とし、かつ担保による保全が図られていないプロパー融資を保証付き融資と同時に実行する

③ 財務要件（「直近決算期において債務超過でないこと」かつ「直近2期の決算期において減価償却前経常利益が連続して赤字でないこと」）を満たしている

④ 以下の項目に該当している
　・法人と経営者個人の資産・経理が明確に区分されている

図表1-6-6　財務要件型無保証人保証の要件

以下の(1)から(3)のいずれかに該当する中小企業者とする。
(1) 純資産額が5千万円以上3億円未満であり、以下の①又は②のいずれか1項目及び③又は④のいずれか1項目を充足すること。
　① 自己資本比率が20パーセント以上であること。
　② 純資産倍率が2.0倍以上であること。
　③ 使用総資本事業利益率が10パーセント以上であること。
　④ インタレスト・カバレッジ・レーシオが2.0倍以上であること。
(2) 純資産額が3億円以上5億円未満であり、以下の①又は②のいずれか1項目及び③又は④のいずれか1項目を充足すること。
　① 自己資本比率が20パーセント以上であること。
　② 純資産倍率が1.5倍以上であること。
　③ 使用総資本事業利益率が10パーセント以上であること。
　④ インタレスト・カバレッジ・レーシオが1.5倍以上であること。
(3) 純資産額が5億円以上であり、以下の①又は②のいずれか1項目及び③又は④のいずれか1項目を充足すること。
　① 自己資本比率が15パーセント以上であること。
　② 純資産倍率が1.5倍以上であること。
　③ 使用総資本事業利益率が5パーセント以上であること。
　④インタレスト・カバレッジ・レーシオが1.0倍以上であること。
(注) 各指標については、保証協会への申込みの日の直前の決算におけるものとする。

（出所）　全国の信用保証協会のウェブサイトより筆者作成。

・法人と経営者の間の資金のやりとり（役員報酬・賞与・配当・オーナーへの貸付等）について社会通念上適切な範囲を超えていない

・適時適切に財務情報等が提供されている

〈財務要件型〉

直近決算期において、図表1－6－6の(1)～(3)のいずれかに該当すること。

〈担保充足型〉

申込人または代表者本人が所有する不動産の担保提供があり、十分な保全が図られている場合も、経営者保証が解除できる可能性があります。

〈その他〉

個別の事案において、経営者保証を不要として取り扱うことが適切かつ合理的であると認められること。

例：株式取得などにより親会社から来たサラリーマン社長が新代表者に就任し、旧代表者が経営から完全に撤退したうえで親会社の連帯保証が得られる場合など。

Q 1-7　さまざまな計画の作成

中小企業の財務コンサルタントとして知っておくべき、財務戦略を経営に活かすための計画の種類、それぞれの計画の特徴と作成のポイントを教えてください

A 中小企業には経営計画、資金繰り計画、経営改善計画が必要となります。経営計画のなかでも、社内で周知するための計画、金融機関に提出するための計画、補助金の審査のための計画はそれぞれ内容が異なります。各計画の特徴と作成のポイントを概説しましょう。

◆ 事業計画

(1)　経営計画の具体化としての事業計画

「経営計画」とは、会社の長期的なビジョンや戦略、理念、体制などを取りまとめたものです。経営計画に基づいて、年次の具体的なアクションプランや部門別の行動計画としてまとめたものを事業計画と呼ぶケースが多く見受けられます。なかでも、向こう3年から5年の具体的な成長目標を示し、そのための行動計画を記したものを中期経営計画と呼びます。

(2)　金融機関が融資判断に利用する事業計画

金融機関に融資を申し込んだ際に、事業計画書の作成を求められることがあります。金融機関はきちんと返済ができることを融資判断の主眼としますので、この事業計画書上の損益計画や資金計画は夢のような理想ではなく、確実に実現できる数値となっていることが重要です。また、数値の根拠を積み上げることが大切です。

⑶ 補助金の審査に必要な事業計画

補助金には審査があります。その審査項目として求められる内容を記載した計画書も事業計画書と呼ばれています。審査の定型化を目的として、事業計画書のページ数には制限が設けられています。

 ## 資金繰り計画

資金繰り計画とは、事業者の資金の出入りに着目した計画です。上記の事業計画に記載する損益と資金繰りは必ずしも合致せず、利益が出ていても手元に資金がない場合がありえます。なぜそのような乖離が起きるのかを「見える化」するのが資金繰り計画です。中小企業であっても、最低3ヵ月先まで、できれば6ヵ月先までの月次の資金繰り計画が作成され、それが毎月更新され、経営者においても共有、有効活用されていることが望ましいといえます。

アフターコロナで資金繰り悪化が懸念される環境下、金融機関は長期の展望を示す「事業計画書」よりも、目先の「資金繰り計画」を重要視するようになっています。しかしながら、中小企業の資金繰りは大企業に比べて変動が多く、課税仕入、非課税仕入、税金の中間納付などの諸要素を勘案するノウハウが必要となりますので、なかなか精緻な資金繰り計画が作成できないという事業者も少なくありません。金融機関からの融資によって経営が支えられている中小企業にとって正確な資金繰り計画の作成ノウハウは必須といえ、資金繰り計画の作成はCFOが担う業務のなかでも優先度がとても高いものとなります。

 ## 経営改善計画

事業者が任意で経営状態を改善する方法について記載した計画を経営改善計画と呼びますが、そのなかでも金融機関から金融支援（返済猶予や事業再

生に必要な範囲での融資）を受ける際には、定められた要件を満たす経営改善計画が必要となります。

　なぜ経営改善計画が必要になるのかというと、事業者が返済猶予となった場合、当該事業者に対する貸付金は原則として不良債権となり、金融機関にとっては貸倒引当金が発生して財務内容が悪化するという問題が生じるのですが、経営改善計画があれば不良債権とはしないというルールがあるからです。これは、「経営改善計画によるランクアップ」と呼ばれています。

　ランクアップのための経営改善計画には「実抜計画」と「合実計画」の2つの種別があり、どちらかがあればランクアップが認められます。両者の違いは、改善までの時間軸です。実抜計画は「実現可能性の高い抜本的な経営再建計画」の略称で、原則5年程度で事業者の債務者区分が正常先となる計画です。合実計画は「合理的かつ実現可能性の高い経営改善計画」の略称で、5年を超えおおむね10年以内に事業者の債務者区分が正常先となる計画です。

　これら実抜計画、合実計画の策定において重要なポイントは、何を達成すれば計画終了時点で債務者区分が原則として正常先となるかを理解することです。計画に目標として記載されるべきは、中小企業金融において債務者が「正常先」とされる形式基準である次の指標です。

① 　債務超過でないこと
② 　債務償還年数が10年未満であること（アフターコロナでは15〜20年が認容される場合もあり）

 経営力向上計画

　中小企業が経営力向上のための人材育成や財務管理、設備投資などの取組みを記載した「経営力向上計画」を事業所管大臣に申請し、認定を受けると、次のようなさまざまなメリットを得ることができます。

① 　一括償却等優遇税制（経営強化税制……2024年3月で終了予定）
② 　所得拡大促進税制

③　政府系金融機関の低利融資

④　M&A時の優遇税制（不動産取得税、登録免許税の減免）

先端設備導入計画

　中小企業者等が適用期間内に、市区町村から認定を受けた「先端設備等導入計画」に基づいて一定の設備を新規取得した場合、新規取得設備に係る固定資産税の課税標準が軽減されます（認定後に設備を取得する必要があります）。

....

　金融機関から資金繰り計画を策定してほしいといわれましたが、どこまで精緻なものをつくるべきか、どのように作成すればいいかよくわかりません

A 　できる限り精緻な資金繰り計画を作成することが望ましいのはもちろんですが、精度の高い資金繰り見通しを作成することがむずかしいという声もよく聞きます。損益とお金の流れが一致しない点が資金繰り計画の作成をむずかしくさせている主因です。また、資金繰りがつかみにくい業種もあり、作成を担う担当者の能力によっても精度、粒度に差が出ます。まずは可能なレベルで作成を始めてみて、段階的に正確性を向上させていけばいいでしょう。資金繰り計画は毎月更新し、計画と実績の差異を確認することで、より正確性が向上します。

◤◥ お金の流れは経営実態を表す

　資金繰り計画とは、会社のお金の動きに着目して、将来の資金残高の増減を把握し、その過不足にあわせて、資金調達や返済計画を調整していくために必須な資金管理表であるといえます。

　事業を行っていれば、なんらかの収益計画は作成しているのではないでしょうか。売上はどのくらい上がりそうか、利益は出そうかといったことが経営者の頭のなかに漠然としか存在せず、どんぶり勘定で事業を運営している場合は、財務コンサルタントがしっかりと数値を「見える化」してあげるべきです。そうしないと、社員の給与をどのくらい増やしていいのか、経費をどの程度使っていいのかも見当がつきません。

　しかし、この損益計画と資金繰り計画が一致することはまずありません。「儲かっているのに、なぜお金が足りないのか。お金はどこへ行ってしまっ

たのか」という経営者の声をよく聞きます。財務コンサルタントとしては、明確にその説明が経営者にできると、経営者から喜ばれると思います。

　私の顧問先の経営者は、資金繰り計画を「勝ち負け表」と呼んで、月次の資金が増えたか減ったか、その要因を把握するために使っています。お金の動きが目に見えることで経営実態が把握でき、安心できるそうです。資金繰り計画を会計事務所から提供される月次残高試算表より重要視してくれています。

なぜ資金繰り計画が損益計画の数値とかみあわないのか

　損益計画と資金繰り計画が一致しない理由を具体的に考えてみましょう。そうすると、資金繰り計画の作成に必要な情報や数値が明確になりますので、計画策定の精度が向上するはずです。

⑴　売上時期と代金回収時期のズレ（仕入等の支払も同じ）

　売上が発生した時期とその代金の回収時期にはズレがあります。会計上、売上を計上するタイミングと同時に現金が入ってくることもありますが、売上計上時には顧客に対する売掛債権や受取手形が計上され、その売掛債権が回収されてはじめて現金が入ってくるという場合も多いからです。支払も同様です。そのため、資金繰り計画を策定するためには、売掛債権の回収期間（サイト）の平均値をあらかじめ把握しておきます。より精度を高めるため、事業部門別に回収サイト（支払サイト）が異なる場合には事業部門別に、売掛金と受取手形（買掛金と支払手形）がある場合は両者の割合とそれぞれの回収サイト（支払サイト）を把握します。

　作成のポイントとしては、資金繰りはネガティブシナリオを優先することが重要です。飲食店のように基本的に売上代金を現金で回収する業態であっても、クレジットカードを利用する場合には代金回収が翌月になります。また、契約上、売掛債権の回収条件が「締め後翌月払」となっている場合、現

金が入ってくるのは売上が確定して請求書を発行した時点の翌月ですから、資金繰り計画上は翌々月の入金としておいてもいいと思います（実際にはそれより早く入金となるはずです）。精度を求めるならば、売上の何割かを翌月、残りを翌々月とするのが望ましいといえますが、そこまでの精度は不要と考えます。よりネガティブ（厳しめ）に回収（支払）サイトを計算しておけばいいでしょう。

(2)　借入返済は損益とは関係がない

借入金を返済しても、事業者の損益には関係がありません。同様に借入をした場合もお金が増えますが、損益にはいっさい影響しません。

一方で、中小企業金融の特徴は借入返済が営業キャッシュフロー（事業による手取り収入）に比べてとても大きくなっていることです。そこで、重要になるのが借入返済予定表の管理です。財務コンサルタントにとって資金繰り計画と並んで重要視すべき帳票は、借入返済予定表だと思います。

資金繰り計画とあわせて借入返済予定表の作成方法を後述しますので、参考にしてください。

(3)　資産の取得は経費とならない

機械や建物などの設備を現金で取得した場合、会社からお金が出ていきますが、それが経費となるわけではありません。設備の代金に相当する金額は、減価償却によって数年にわたって経費として計上されます。

一方で、すでに代金は払った後ですから、減価償却費の計上があっても会社からお金が出ていくわけではありません。だから、キャッシュフローの計算式では利益に減価償却費を足しているのです。

減価償却費と同じく、「貸倒引当金」などの引当金も経費として計上されますが、実際に会社からお金が出て行くわけではありません。これら引当金も、損益と資金繰り計画の数値との間にズレが生ずる原因となります。

⑷ 在庫の増減と資金繰り

　商品などを仕入れる場合には、会社からお金が出て行きます。資金繰り上、マイナスの影響が生じますが、在庫が増えるだけで損益には関係ありません。その在庫が売れると、はじめて損益との関係が生じます。売上が計上された時点ではじめて、売れた在庫に相当する費用（売上原価）が計上されるのです。

　たまに利益が大きく出そうな事業者が決算対策ということで、商品を多めに買っておこうとするケースがあります。私が「それは何の対策にもなりませんよ」と話すと、「そうなんですか……。なぜですか」という返答でした。以下のようなやりとりで理解していただきました。

　　私　「商品を仕入れた時点で、たしかにお金は出て行きますが、土地を買った場合と同じなのです。土地を買っても、その代金自体は経費にならないことはわかりますね。その土地を売って、はじめて損益が発生するのもわかりますね……」

　　経営者　「なるほど」

　事業規模の大きな会社の経営者だったので、「このクラスの会社の経営者でもお金の動きと損益が一致しないことを知らないんだ」と正直驚きました。

　資金繰り計画上、在庫の残高の増減は現金の増減につながりますが、売上の増減や商品の構成によっては在庫の残高も増減することを念頭に置きましょう。売上が増加する見込みがあれば、在庫もその増加率に比例して増加すると考えるべきです。在庫が増加する見込みがあれば、それを資金繰り計画に織り込んで早めの資金調達を検討しておく必要があります。

　この点については、実際の財務コンサルティング事例を紹介しましょう。

〈中古車販売業で業績は好調なのに資金不足になった事例〉

　A社は中古車販売業を営んでおり、図表1－8－1のとおり、近年売上は急増しており、営業利益も安定しています。

　　私　「10期から12期にかけて、売上は56％の伸びを示しており、利益も

図表1－8－1　Ａ社の損益状況

（単位：百万円）

Ａ社の業績	10期	11期	12期
売上高	650	720	1,020
売上原価	442	511.2	775.2
売上総利益	208	209	245
売上総利益率	32%	29%	24%
販管費	171	192	210
営業利益	37	17	35
平均在庫金額	32	40	59
在庫回転日数	26	29	28

（出所）　筆者作成

きちんと出しています。立派な経営をしていますね」

経営者　「それでも、なぜか資金繰りは窮屈な感じです。いつになれば資金繰りが楽になるのでしょうかね」

私　「一方で、利益率は低下傾向にあります。何か事業の中身で変わったことはありますか。たとえば、取り扱う車種が変わってきたとか……」

経営者　「11期の後半までは、販売単価が50万円程度のかなり古い年式の中古車を中心に扱ってきましたが、11期後半以降は比較的新しい年式の車も扱うようになっています」

私　「資金繰りがタイトになるのは、そこが原因ですね。1台当りの販売単価が上がって、たとえば75万円くらいになっていませんか」（増収分が販売車両単価の増額が主因と推測して質問してみます）

経営者　「多分そのくらいには上がっていると思います」（見事的中！）

私　「となると平均在庫金額をみていただければわかるように、保有台数は同じでも販売単価が高い車は仕入価額も高いので在庫金額が増えます。このぶん資金が寝ることになるので、資金繰りは窮屈になって当然です。また、販売価格が高くなると、利益率はどうしても低くな

54

りします。特に11期では、売上が増えたのに粗利益率が減少し、売上総利益はほぼ同数値です。そして、経費が増えたぶん、営業利益では2,000万円の減額となりました」

　このような事業性評価を行い、経営者が納得した場合、経営者と強固な信頼関係を築くことができます。ここで事業性評価とは、決算数値を経営者が納得できるように事業の動きと関連づけて説明することという意味合いで使っています。さらに、今後の経営方針をめぐって、経営者と次のように会話を続けました。

　　私　「この12期の決算をふまえると、足元利益率は低めで推移し、一方で在庫は増えますので資金繰りをタイトに感じるのは当然ですね。でも、12期は利益率が下がったとはいえ、売上総利益は前期比3,600万円増加しています！　経費は1,800万円の増加に抑制できた結果、3,500万円の利益となりました」

　経営者　「でも、悲しいかな、10期と同じ営業利益の額なんですよね。売上が増えたと喜んでいる場合じゃないですね。結局、販売車種が変わっているだけで、利益率が落ちて10期の業績と同じ水準の利益しかあげられていない。一方で、資金は足りなくなる。売上を増やすのも、はたしていいことなのかどうか。悩ましいですよね」

　　私　「10期の経営戦略と12期の経営戦略のどちらが正しいか、私にはわかりませんが、資金不足については心配する必要がないと思います。在庫単価の増加の結果ですから。また、その時々で戦略的に車種を入れ替えながら経営をしていることはとても素晴らしいと思います」

　経営者　「よく理解できました。そういえば、12期はもう1店舗出店するために先行投資の経費増加が一部含まれています。もしそれがなければ、同じ台数を販売した場合で比較すれば、10期よりも増益です。やはり12期の戦略のほうが利益は伸ばせると思います」

　　私　「はい、経営戦略はそれでいいと思います。しかし、出店のための設備資金に加えて、貴社ならば、少なくともその店舗が見込む月商分くらいの額の在庫資金は用意しておいたほうがいいと思います。○○

百万円の追加的な資金調達が必要となります。いまから動き始めましょう！」

資金繰り計画の作成手順

⑴ 資金繰りシミュレータ

　財務コンサルタントとして経営者を喜ばせるだけでなく、金融機関からも高い評価を得られる資金繰り計画を作成できるようになりましょう。

　資金繰り計画に決まったフォーマットがあるわけではありません。本書では、経営革新等支援機関推進協議会のフォーマットを紹介します。少しレベルが高すぎるかもしれませんが、金融機関からも高評価の「使える資金繰り計画」となっていますので、今後のレベルアップの参考になればと思います。

　当協議会では、この資金繰り計画を「資金繰りシミュレータ」と呼んでいます。資金繰りシミュレータの特徴は次のとおりです。

・損益計画と借入返済予定表が一体となっている

・税金に係る資金繰りを反映している

・回収サイト、支払サイトをできる限り詳細に設定できる

・資金繰りの危険度を知らせる機能がある

　資金繰りシミュレータでは、すでに経過した月の実績と将来を予測した金額（予算）を並べて表示しています。直近の実績を確かめることが、将来計画の正確性を高めることにつながるからです。実績数値は3ヵ月程度、将来計画は6ヵ月程度の計画表とします。作成手順をまとめて示すと次のとおりです。

①　PL（損益計画の実績と予想）から、売上、売上原価、販管費について3ヵ月程度の実績と6ヵ月程度の将来計画を作成（それぞれの月数は調整が可能）

②　売上、仕入についてサイト（係数）を設定し、売上入金、仕入支払について自動計算

③　別途入力する借入返済予定表から借入返済と新規調達を反映

④　資産取得や特別な損益を個別に入力

⑤　減価償却費や引当金勘定の調整

　この結果、図表1－8－2のような資金繰り計画が完成します。

　結局、資金繰り計画の目的は、今後予想する事業の損益をもとにしたお金の出入りに加えて借入の返済、資産取得、助成金の入金などさまざまなお金の出入り（前述の経営者の言葉を借りれば「勝ち負け」）を明確に「見える化」し、もし預金残高が不足するようなら資金調達に動けるようにすることにあります。そこで、図表1－8－3に示す表示部分が最も重要ということになります。この表を上に登っていくように数値を確かめれば、最終的な資金増減の原因が理解できるようになっています。

　図表1－8－3の最後の段「月末現預金残判定＝大丈夫なの？」についてですが、資金繰りシミュレータでは、この金額が月商の1.5ヵ月分以上ある場合はひとまず安全（問題ない）とし、次のように自動表示するようになっています。

・青色……実績月の平均月商の1.5倍以上の現預金残の場合

　　　　　➡資金繰りOK

・黄色……実績月の平均月商の1.5倍未満の現預金残の場合

　　　　　➡資金繰りに注意が必要です。

・朱色……実績月の平均月商の1倍未満の現預金残の場合

　　　　　➡資金繰りが悪化しています。

・赤色……月末資金有高がマイナスの場合

　　　　　➡資金ショート

(2)　具体的な作成手順

〈Step 1　売上高・売上原価・販管費の把握〉

　まずは、①売上高、②売上原価、③販売費および一般管理費の数値を6ヵ月分（最低でも3ヵ月分）作成します。

①　売上高の月次予測……営業目標ではなく、昨年同期の実績や現在見込め

図表１−８−２　完成した資金繰り計画

CF	2023年1月	2023年2月	2023年3月	2023年4月	2023年5月
		実績 ←	→ 計画		
売上入金1				18,094,077	16,940,000
売上入金2				7,365,307	7,754,604
仕入支払1				13,358,400	13,358,400
仕入支払2				3,495,943	3,339,600
仕入支払3				0	0
役員報酬支払				650,000	650,000
給与手当支払				3,600,000	3,600,000
法定福利費支払				595,000	595,000
賞与支払				0	0
旅費交通費支払				250,000	250,000
荷造運賃支払				770,000	770,000
広告宣伝費支払				22,000	22,000
消耗品費支払				55,000	55,000
支払手数料支払				330,000	330,000
減価償却費調整				250,000	250,000
その他（経費）支払				385,000	385,000
支払利息支払				76,652	74,589
その他（営業外費用）支払				0	0
固定資産取得等					
税金支払等				0	4,533,191
その他（資産・負債の増減等）					
減価償却費調整	0	0	0	▲250,000	▲250,000
借入返済				1,400,000	1,400,000
新規借入				0	0
当月入金計				25,459,384	24,694,604
当月支出計				24,987,995	29,362,780
現金収支				471,389	▲4,668,176
月末資金有高			37,889,071	38,360,460	33,692,284
月末現預金判定			資金繰りOK	資金繰りOK	資金繰りに注意が必要です。

（出所）　経営革新等支援機関推進協議会「資金繰りシミュレータ」

2023年6月	2023年7月	2023年8月	2023年9月	2023年10月	2023年11月	2023年12月
16,940,000	16,940,000	16,940,000	16,940,000	16,940,000	16,940,000	16,940,000
7,260,000	7,260,000	7,260,000	7,260,000	7,260,000	7,260,000	7,260,000
13,358,400	13,358,400	13,358,400	13,358,400	13,358,400	13,358,400	13,358,400
3,339,600	3,339,600	3,339,600	3,339,600	3,339,600	3,339,600	3,339,600
0	0	0	0	0	0	0
650,000	650,000	650,000	650,000	650,000	650,000	650,000
3,600,000	3,600,000	3,600,000	3,600,000	3,600,000	3,600,000	3,600,000
595,000	1,099,000	595,000	595,000	595,000	595,000	595,000
0	3,600,000	0	0	0	0	0
250,000	250,000	250,000	250,000	250,000	250,000	250,000
770,000	770,000	770,000	770,000	770,000	770,000	770,000
22,000	22,000	22,000	22,000	22,000	22,000	22,000
55,000	55,000	55,000	55,000	55,000	55,000	55,000
330,000	330,000	330,000	330,000	330,000	330,000	330,000
250,000	250,000	250,000	250,000	250,000	250,000	250,000
385,000	385,000	385,000	385,000	385,000	385,000	385,000
72,527	70,464	68,402	66,339	64,277	62,214	60,152
0	0	0	0	0	0	0
0	0	0	0	0	0	0
▲250,000	▲250,000	▲250,000	▲250,000	▲250,000	▲250,000	▲250,000
1,400,000	1,400,000	1,400,000	1,400,000	1,400,000	1,400,000	1,400,000
0	0	0	0	0	0	0
24,200,000	24,200,000	24,200,000	24,200,000	24,200,000	24,200,000	24,200,000
24,827,527	28,929,464	24,823,402	24,821,339	24,819,277	24,817,214	24,815,152
▲627,527	▲4,729,464	▲623,402	▲621,339	▲619,277	▲617,214	▲615,152
33,064,757	28,335,293	27,711,891	27,090,552	26,471,275	25,854,060	25,238,909
資金繰りに注意が必要です。	資金繰りに注意が必要です。	資金繰りに注意が必要です。	資金繰りに注意が必要です。	資金繰りに注意が必要です。	資金繰りに注意が必要です。	資金繰りに注意が必要です。

図表1－8－3　資金繰り計画で最も重要な部分──上に登って行くように確かめる

借入返済	いくら返済しているのか	↑
新規借入	いくら借りるの？	
当月入金計	いくら入ってくるのか	
当月支出計	いくら出ていくのか	
現金収支	最終的にいくら入る（出る）？	
月末資金有高	残高は増えるの？　減るの？	
月末現預金判定	大丈夫なの？	

（出所）　筆者作成

る確実性の高い数値を入力します。

② 　売上原価の月次予測……売上原価、売上総利益率も同じように、直近の実績の数値を参考にして、実態に近い数値を採用します。もし売上原価が高騰するような要因がある場合は、よりシビアな目線で原価率を高めに設定して入力します。

③ 　販売費および一般管理費の月次予測……これも同様に直近の実績や前年同期を参考に入力します。

〈Step 2　サイトの反映〉

次に資金繰り計画では最も重要な部分、損益計画とズレが生じる理由の部分に関する作業です。あらかじめExcelシートなどでマクロ処理をしておき、Step 1 の①売上高、②売上原価、③販売費および一般管理費の回収・支払条件（サイト）を入力すると自動的に資金繰り計画に反映できるようにすると効率的です（図表1－8－4）。

図表1－8－4では7割ぐらいの顧客が翌月払、3割ぐらいの顧客が翌々月払という情報から、その内容を入力すると、N月の売上高の70％がN＋1ヵ月目に入金となり、30％がN＋2ヵ月目入金となるようなマクロ処理をしています（仕入支払も同様に入力します）。また、事情によっては在庫を多めに仕入れ、保有する場合もあるでしょう。その場合は、仕入支払3に個別

図表 1 − 8 − 4　回収・支払条件の反映

CF	2023年10月	2023年11月	2023年12月	設定根拠
売上入金 1	16,940,000	16,940,000	16,940,000	☞売上高の70％を、回収サイトは翌月として設定。税込10％
売上入金 2	7,260,000	7,260,000	7,260,000	☞売上高の30％を、回収サイトは翌々月として設定。税込10％
仕入支払 1	13,358,400	13,358,400	13,358,400	☞売上原価の80％を支払サイトは当月として計算。税込10％
仕入支払 2	3,339,600	3,339,600	3,339,600	☞売上原価の20％を支払サイトは翌月として計算。税込10％
仕入支払 3	0	0	0	☞
役員報酬支払	650,000	650,000	650,000	☞支払サイトは当月。税率対象外または非課税
給与手当支払	3,600,000	3,600,000	3,600,000	☞支払サイトは当月。税率対象外または非課税
法定福利費支払	595,000	595,000	595,000	☞支払サイトは当月。税率対象外または非課税
賞与支払	0	0	0	☞支払サイトは当月。税率対象外または非課税
旅費交通費支払	250,000	250,000	250,000	☞支払サイトは当月。税率対象外または非課税

（出所）　経営革新等支援機関推進協議会「資金繰りシミュレータ」

に金額を入力し、設定根拠欄に説明を加えておきます。

〈Step 3　税金の取扱い〉

　納税支払予測、非課税取引の確認の作業です。人件費や保険料、支払利息は非課税取引ですので、Step 1 で作成した損益計画の数値をそのまま資金繰り計画に反映させますが、それ以外、つまり課税取引では消費税が含まれたお金の動きとなりますから、損益計画の数値にその税率分を上乗せして入力しなくてはいけません。図表 1 − 8 − 4 には税込10％で資金繰り計画に反映させていることを説明付記しています。

　納税支払予測については、会計事務所から決算申告時に中間納税などの納税支払予定表が交付されていると思います。また、固定資産税や不動産取得税の支払なども金額が少なくない項目ですので、資金繰り計画に織り込むこ

とを忘れないようにしましょう。正確を期すには、給与源泉納付や給与、賞与に対する社会保険料の支払は翌月にずれるなどの考慮をすべきなのでしょうが、それは概算で当月支払としておくことで、資金繰り上は保守的（早く支払う）に算定していることになるので、問題はないと思います。

〈Step 4　資産の取得〉

　不動産、機械設備など資産取得の予定がある場合は、その金額を税込で入力します。また、資産除却などで残金が残る場合は、その額を資金の入りとして税込で入力します。

〈Step 5　その他の収支項目の確認〉

　助成金や補助金の入金の見込み額、また前渡金、資金貸付（またはそれらの回収見込み額）なども日々確認しながら、資金繰り計画につど反映するようにしましょう。

〈Step 6　借入返済予定表の作成〉

　さて、財務コンサルタントとしての最も重要な業務の一つが、資金繰り計画の策定と状況にあわせた資金調達のサポートということになりますが、そのために重要なのは現在の借入金の内容を最新かつ正確なものに常に更新しておくことです。そこで、まず次の項目を確認します。これらをまとめた表が図表１－８－５です。

①　融資区分：短期か長期か、プロパー融資か保証付き融資か

②　返済方法：元金均等か元利均等か

図表１－８－５　借入残高一覧

| 長／短 | 返済方法 | 借入形態 | 金融機関名 | 基準年月　2023年3月 | | | |
				借入残高（円）	利率	返済額（円）／月	返済間隔
短期（プロパー）	元金	手形貸付	A銀行	10,000,000	1.700%	0	1ヵ月
長期（プロパー）	元金	証書貸付	A銀行	12,880,000	1.200%	450,000	1ヵ月
長期（プロパー）	元金	証書貸付	A信用金庫	8,123,000	1.500%	500,000	1ヵ月
長期（保証協会）	元金	証書貸付	A信用金庫	11,230,000	1.500%	450,000	1ヵ月

（出所）　筆者作成

③　借入形態：手形貸付、証書貸付など融資形態の区分

④　金融機関名

⑤　借入の内容：利率、返済額（円）／月、返済間隔

　図表１−８−５のような借入残高一覧表が月次の返済予定表につながるようマクロ処理をして、図表１−８−６のような借入金返済予定表が自動作成できるようにしておくと効率的です。

　これらの月次の返済額と資金繰り計画がリンクできれば、たとえば新たに借入を起こした場合には資金繰り計画の資金収支が自動的にプラスとなり、資金繰りのシミュレーションがとてもしやすくなります。

〈Step 7　最後の仕上げ〉

　最終的に将来の資金繰りと直近の資金繰り実績や前期の資金繰りを見直して、季節性の要因や不定期に発生する経費がもれていないかをいま一度チェックしましょう。

　また、精度をより高めるためには、これらの作業を毎月繰り返して、どこまで資金繰りを正しく予測できていたかを確認、修正していくことが大切です。

　ある経営者の奥様が経理担当をされていたので、このフォーマットを渡してみたら、ご自分で精度を高めようと毎月見直しをするようになりました。「今月は残高予想が10万円ずれた。悔しい！」と楽しそうに取り組んでいます。売上５億円の建設業ですので、まずまずの企業規模ですが、そこまで精度を上げることも可能なのだと感心した次第です。

図表１－８－６　借入返済予定表

直近試算表年月

	借入内容			2023年3月	2023年4月	2023年5月
金融機関	長／短 金融機関名 借入形態	プロパー A銀行 証書貸付	返済額 残高 利息	450 12,880 1.200%	450 12,430 12	450 11,980 12
		長期 A銀行 小計	返済額 残高 利息	450 12,880	450 12,430 12	450 11,980 12
	長／短 金融機関名 借入形態	プロパー A銀行 手形貸付	返済額 残高 利息	0 10,000 1.700%	0 10,000 14	0 10,000 14
		短期 A銀行 小計	返済額 残高 利息	0 10,000	0 10,000 14	0 10,000 14
	長／短 金融機関名 借入形態	プロパー A信用金庫 証書貸付	返済額 残高 利息	500 8,123 1.500%	500 7,623 10	500 7,123 9
	長／短 金融機関名 借入形態	保証協会 A信用金庫 証書貸付	返済額 残高 利息	450 11,230 1.500%	450 10,780 13	450 10,330 13
		長期 A信用金庫 小計	返済額 残高 利息	950 19,353	950 18,403 23	950 17,453 22
金融機関合計			返済額 残高 利息	1,400 42,233	1,400 40,833 50	1,400 39,433 48

（出所）　経営革新等支援機関推進協議会「借入返済予定表」

2023年6月	2023年7月	2023年8月	2023年9月	2023年10月	2023年11月	2023年12月
450	450	450	450	450	450	450
11,530	11,080	10,630	10,180	9,730	9,280	8,830
12	11	11	10	10	9	9
450	450	450	450	450	450	450
11,530	11,080	10,630	10,180	9,730	9,280	8,830
12	11	11	10	10	9	9
0	0	0	0	0	0	0
10,000	10,000	10,000	10,000	10,000	10,000	10,000
14	14	14	14	14	14	14
0	0	0	0	0	0	0
10,000	10,000	10,000	10,000	10,000	10,000	10,000
14	14	14	14	14	14	14
500	500	500	500	500	500	500
6,623	6,123	5,623	5,123	4,623	4,123	3,623
8	8	7	6	6	5	5
450	450	450	450	450	450	450
9,880	9,430	8,980	8,530	8,080	7,630	7,180
12	12	11	11	10	10	9
950	950	950	950	950	950	950
16,503	15,553	14,603	13,653	12,703	11,753	10,803
21	19	18	17	16	15	14
1,400	1,400	1,400	1,400	1,400	1,400	1,400
38,033	36,633	35,233	33,833	32,433	31,033	29,633
46	45	43	41	40	38	37

第 2 章

業種別・財務コンサルティングの実務

本章では、中小企業の財務責任者（CFO）が経営者に対してアドバイスをする場合に、どのような点が勘所になるのかを業種別に解説します。事業の成長を第一義とする経営者に対して、CFOは時には会社の財務健全性を維持する観点から厳しい意見を述べなければならないこともあります。CFOの意見は客観的な数字に裏付けられた、説得力のあるものでなければなりません。事業の特性がどのような数字に表れているかが重要です。

Q 2-1 会計事務所や金融機関の職員にとってなじみやすい経営支援モデル（餅は餅屋）——MAS監査からFASコンサルティングへのモデルシフト

会計事務所の職員ですが、会社経営をしたこともなく、また顧問先の事業内容についてそこまで詳しいわけではないので、自分がコンサルタントとして助言できるような能力があるとは思えず、自信がもてません。どうすればいいですか

A 会計事務所の経営支援業務としてMAS監査（マネージメントアドバイザリーサービス）があります。たしかにMAS監査には経験や知見が必要ですが、財務コンサルタント業務をお金の管理に集中すればコンサルタントとして十分にやっていけます。

FASコンサルティングとは

　会計事務所には、MAS監査というコンサルティングモデルがあります。MAS監査とは、先見経営・先行管理の仕組の提供により、目標達成できる経営体質づくりを支援する経営サポートとされています。会計事務所としては、税務や会計処理に関する業務が本業なのですが、そうした計算業務だけではなく、顧問先の企業経営全般に関与し、付加価値の高いサービスを提供しようという差別化戦略を掲げている会計事務所も増えてきています。一方で、地域金融機関は古くから、地域密着型金融という名のもとに、金融支援に加え本業支援に向けた積極的な活動を行うことを経営方針に掲げています。

　会計事務所によるMAS監査と、金融機関による本業支援のどちらも金融機関や会計事務所の職員が中小企業の経営に深く入り込み、その業種特性や事業内容を理解しながら経営戦略の立案、その実行支援に係る経営全般のサポートを行うことが求められます。

しかし、こうした支援には、コンサルタントとしての経験や知見、さらには相応の時間の提供が必要で、会計事務所も金融機関もこのような渉外活動ができる人材が不足していることが大きな課題となっています。本格的な経営支援をしたいのはやまやまだが、実際にはなかなか満足のいく内容の支援がむずかしいというのが実情となっています。

したがって、数値とお金を取り扱うのを本業とする金融機関や会計事務所は、「餅は餅屋」として専門性を発揮できる機能、つまり、お金の管理＝財務に関するアドバイスに特化すべきであると思うのです。企業としての戦略を立てて、経営を伸ばすことは経営者の役割として、財務コンサルタントは事業を財務的な視点で客観的にとらえ、主眼は企業の資金繰りを安定させ、潰れない会社づくりをサポートすることに置く。私はこのモデルをFASコンサルティングと名付け、私が関与する経営革新等支援機関推進協議会の会員の先生方に伝えています。なお、FASコンサルティングのFASはFinancial、Advisory、Serviceの略です。

FASコンサルティングでは、企業がどのような事業戦略を選択しても、潰れない財務を維持するお目付け役的な立場として関与します。具体的には、企業はお金を借りて事業を拡大することが多いわけですが、それでも一定の自己資本比率の維持と債務償還年数を意識した正常な借入依存度を保持するよう指南することが財務コンサルタントの役割となります。

金融機関と会計事務所の共通点

金融機関と会計事務所には多くの共通点があります。企業の決算データを入手していること、経営者と定期的に接し、さまざまな相談を受けやすい立場であることなどです。現在、私は認定支援機関業務の専門家として、認定支援機関となっている全国の会計事務所に対して認定支援機関実務のサポートを行っていますが、じつは金融機関はすべて認定支援機関となっており、会計事務所もおおよそ３分の２が認定支援機関として登録しています。

認定支援機関業務で実践できる内容は、補助金活用支援、優遇税制活用な

ど幅広く、企業のキャッシュフローの確保、資金繰りの安定化につながるものも多くあります。会社のお金を効率よく使うことにつながる認定支援機関としての機能を発揮した支援業務も、このFASコンサルティングモデルに含めています。

　たとえば、設備投資のために金融機関から資金を調達する際には必要に応じて事業計画書を作成します。事業計画書は金融機関が望む内容でなければなりませんが、金融機関が望む計画書とは、無理のない実現可能性の高い計画で、計画数値の根拠が明確に示されているものです。加えて、計画に補助金や優遇税制の活用を盛り込むことで、キャッシュフローが向上しますので、借入の返済可能性が高まります。私が関与する経営革新等支援機関推進協議会では、設備投資の際に補助金、優遇税制をセットで提供することを定番メニューとしています。

FASコンサルタントは計数管理のプロ

　計数管理とは企業活動を数値に置き換えて、数値をコントロールすることです。新事業展開や経営改善を行う際に、その業務や活動を数値化し管理する手法のことで、「管理会計」「事業分析」もこの計数管理に含まれます。

　私はよく、経営者は「Power Point思考」で、財務コンサルタントは「Excel思考」という表現を用います。経営者は新事業のための資金調達において、その事業内容を金融機関に説明する際に、まずはビジョンやアイデアの独自性、マーケティング手法などを中心に説明することが多いと感じます。用いる資料はPower Pointで作成した、画像やイラストデータが中心です。一方で、その経営者の描いた資料を数値、すなわちExcelに置き換えるのが、われわれ財務コンサルタント（FASコンサルタント）の仕事です。

　経営者が10ページを超えるプレゼン資料を使って熱弁した後、私がExcelで作成した1枚紙の資料で金融機関に説明し、結局、金融機関はそのExcel資料しかみてくれなかったというケースが少なくありませんでした。もちろん経営者の熱意は伝わっており、プレゼンが無駄というわけではないのです

が、金融機関の視点は借入の返済が問題なくできるかどうかであり、それは計数で示さないと金融機関は納得してくれないのです。

創業支援を兼ねた具体的なFASコンサルティングの事例

それでは、このFASコンサルティングを具体例で説明してみましょう。

【相談内容】　美容院向け商材の卸売会社に勤務していた女性が脱サラし、女性向け美容商材を扱う小売業を始めたいという相談

　Aさん・45歳女性・独身。美容に関する商材を20年近く扱ってきたが、海外の化粧品メーカーB社から、日本向けにある化粧品の販売を始めたいので販売代理店にならないかという依頼があった。現在勤めている商社は美容院向けに特化した商材を扱っており、この話には興味がない。しかし、この化粧品は海外では販売好調で、競争力のある商品である。原料として○○と□□が含有されており、その効果は学会などでも評価されている。この商品を国内で初めて扱えることは大きなチャンスなので、会社を辞めて独立しようと思う。そのための資金が必要なので、相談に乗ってほしい。

　Aさんはその化粧品のパンフレットと試供品を持参し、熱い思いを語ってくれました。

　　私　「ところで、資金はいくら必要ですか。会社は資本金いくらで設立しますか」

　　Aさん　「ECサイトの構築と当初の商品仕入資金で600万円くらい必要ですが、広告宣伝費などの費用も初めは多めにかけていきたいので、できるだけ多く借りたいです。いくらぐらい借りられますかね？　会社は100万円の資本金で設立するつもりです」

　　私　「いくら借りられるかは事業の内容や自己資金の有無によって変わ

図表2-1-1　新規開業時の資金調達額（平均）

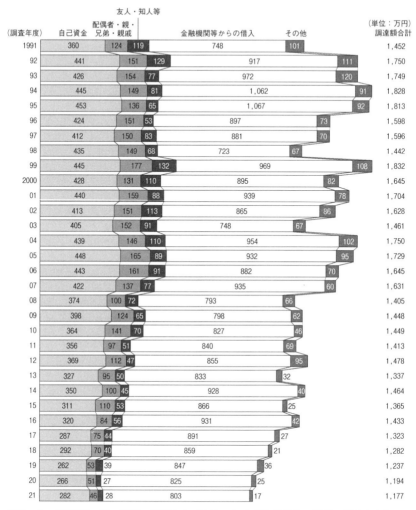

（単位：万円）

（調査年度）	自己資金	配偶者・親・兄弟・親戚	友人・知人等	金融機関等からの借入	その他	調達額合計
1991	360	124	119	748	101	1,452
92	441	151	129	917	111	1,750
93	426	154	77	972	120	1,749
94	445	149	81	1,062	91	1,828
95	453	136	65	1,067	92	1,813
96	424	151	53	897	73	1,598
97	412	150	83	881	70	1,596
98	435	149	68	723	67	1,442
99	445	177	132	969	108	1,832
2000	428	131	110	895	82	1,645
01	440	159	88	939	78	1,704
02	413	151	113	865	86	1,628
03	405	152	91	748	67	1,461
04	439	146	110	954	102	1,750
05	448	165	89	932	95	1,729
06	443	161	91	882	70	1,645
07	422	137	77	935	60	1,631
08	374	100	72	793	66	1,405
09	398	124	65	798	62	1,448
10	364	141	70	827	46	1,449
11	356	97	51	840	69	1,413
12	369	112	47	855	95	1,478
13	327	95	50	833	32	1,337
14	350	100	45	928	40	1,464
15	311	110	53	866	25	1,365
16	320	84	56	931	42	1,433
17	287	75	44	891	27	1,323
18	292	70	40	859	21	1,282
19	262	53	39	847	36	1,237
20	266	51	27	825	25	1,194
21	282	46	28	803	17	1,177

（注）　1　「配偶者・親・兄弟・親戚」と「友人・知人等」は借入、出資の両方を含む。
　　　　2　「友人・知人等」には「取引先」（1992～1999年度調査）、「事業に賛同した個人または会社」（1992～2021年度調査）、「自社の役員・従業員」（2004～2021年度調査）、「関連会社」（2016年度調査）を含む。
　　　　3　「金融機関等からの借入」には、「日本政策金融公庫」（1991～2021年度調査）、「民間金融機関」（1991～2021年度調査）、「地方自治体（制度融資）」（1992～2021年度調査）、「公庫・地方自治体以外の公的機関」（1999～2021年度調査）が含まれる。
（出所）　日本政策金融公庫総合研究所「2021年度新規開業実態調査（2021年11月29日）」

りますが、新規開業では平均的に800万円程度を金融機関から資金調達しているようですので、まずはそこが一つの目線になるかと思います（図表2－1－1）」

　　私　「資本金以外に自己資金はありますか」

　Aさん　「200万円くらいは用意できます」

　　私　「新規開業の融資には、日本政策金融公庫の「女性、若者／シニア起業家支援資金」の利用申込がよいと思います。さっそく日本政策金融公庫の創業計画書の作成に入りましょう」

　そこで、Aさんにヒアリングしながら創業計画書を作成してみました（図表2－1－2）。日本政策金融公庫の新規開業時の融資では、この創業計画書で月次の損益計画の予想を立てます。

［ヒアリングの内容］
・平均客単価3,000円
・当初は販売客数月400人でスタートし、1年後には1,000人まで伸ばしていきたい

図表2－1－2　Aさんが考える事業の見通し

		創業当初	1年後または 軌道に乗った後 （　年　月頃）	売上高、売上原価（仕入高）、経費を計算された根拠をご記入ください。
売　上　高　①		120万円	300万円	①平均単価3,000円×400人　　1年後は1,000人へ
売　上　原　価　② （　仕　入　高　）		84万円	210万円	②販売価格の70%
経費	人件費（注）	30万円	45万円	人件費：当面1人で対応　　1年後は役員報酬を45万円に
	家　　　　賃	15万円	15万円	
	支　払　利　息	1万円	1万円	支払利息：800万円×2.0%÷12＝1.3万円
	そ　の　他	20万円	10万円	その他：配送費、広告宣伝費は当初は多めに設定
	合　計　③	66万円	71万円	
利　　　益 ①－②－③		▲30万円	19万円	（注）個人営業の場合、事業主分は含めません。

（出所）　日本政策金融公庫の創業計画書を筆者加工

・売上原価はこれまで関係のあった美容商材を扱う小売店舗の仕入原価70%を基準にした
・ECサイトなので休みなく稼働
・1日10人分までの商品発送業務は問題なく1人でやれると思う
・役員報酬は当初30万円としたが、独立前の給与が40万円だったので45万円に上げるのを目標としたい
・800万円を7年で借りた場合、800万円÷84ヵ月＝毎月9万5,000円の返済は十分できる計算となる

　さて、Aさんからのヒアリングをもとにしたこの計画をどう感じますか。創業者が作成した経営計画としては及第点といえるでしょうか。

　この創業計画書は事業の立ち上がりの見通しを共有するための資料としてはそれなりに有効だと思いますが、これだけでは事業が軌道に乗るかどうかが定かではありません。ここから創業計画のレベルを上げていきます。計画の実現可能性を確保するための、FASコンサルティング＝計数管理のプロとしての作業をご紹介します。

　　私　「いくつか質問を追加します。客単価の3,000円は税込の金額ですか」

　　Aさん　「税込で考えていました」

　　私　「原価率はこれまで取り扱っていた商材を基準にとのことですが、海外からの仕入商品で、現在の為替水準や物流コスト高騰から、仕入原価率70%は現実的に可能でしょうか。実際に仕入先に確認してみてください」

　　Aさん　「確認してみます」

　　私　「送料はどうしますか」

　　Aさん　「無料にしないと拡販がむずかしいと思います」

　　私　「広告宣伝費はどのように考えますか」

　　Aさん　「まずはインスタグラムなどSNSを中心に広告宣伝費を投じようと思っています」

　　私　「どんなECサイトを展開しますか」

Aさん　「最初はAmazonなどプラットフォーム型のサイトで展開する
　　　つもりです」

　この追加質問の情報も加味して、より詳細な月次損益計画を作成します
（図表２－１－３）。

　図表２－１－３は、私が小売店やECサイト事業の計画策定支援に利用す
る計画書の基本フォームです。Aさんと策定した創業計画書の事業見通しと
の計数との違いは、次のとおりです。

・税抜の販売価額に修正（売上は10％減）

・広告宣伝費は売上の３％を予算として計上

・販売手数料10％（AmazonのECサイトにおける美容商材の販売手数料の一般的
　な価格）

・郵送費を500円（人）に設定

・在庫回転率2.0とした場合の在庫棚卸高を予測しておく（資金繰り計画作成
　のため）。在庫回転率＝期末在庫／期中売上高

・その他、法定福利費、通信費など事業活動に必要な諸経費を予算化してみ
　る

　この計画の上部にある５つの数値（比率）は、この事業を数値化する際に
カギとなる計数を示しています。これらの比率や金額欄に任意の数値を入力
すると年間損益が自動計算される仕組みとなっています。

　初期的に入力した結果、なんと初年度は▲982万1,000円の経常赤字となっ
てしまいました。この計画を金融機関に提出したら、間違いなく融資は断ら
れてしまうでしょう。

　このように初期段階の計画策定においては意地悪なくらい保守的な数値を
設定しようとするのが私の悪い癖なのですが、実際に事業を始めるとそのと
おりの結果になってしまうことも多いのです。

　そもそも売上総利益率が30％なのに、売上に対して10％の販売手数料と約
18％に相当する発送配達費だと、その２つの経費項目だけでほぼ粗利が食い
潰される事業構造となっています。みてのとおり、売れば売るほど赤字が広
がる計画です。したがって、抜本的に計画を見直す必要があります。

図表2－1－3　当初の月次損益計画

| 月次損益 | 利益率 | 30.0% | 在庫回転率 | 2.0 | 広告費率 | 3.0% | 発送配達費 | 500円 | 販売手数料 | 10.0% |

(単位：千円)

科目名	1ヵ月目	2ヵ月目	3ヵ月目	4ヵ月目	5ヵ月目	6ヵ月目	7ヵ月目	8ヵ月目	9ヵ月目	10ヵ月目	11ヵ月目	12ヵ月目	合計	売上高比率
（売上高合計）	1,091	1,227	1,364	1,500	1,636	1,773	1,909	2,045	2,182	2,318	2,454	2,727	22,225	100.00%
人数	400	450	500	550	600	650	700	750	800	850	900	1,000	8,150	36.67%
平均単価（2,727円）	2,727	2,727	2,727	2,727	2,727	2,727	2,727	2,727	2,727	2,727	2,727	2,727	32,724	147.24%
（売上原価）	764	859	954	1,050	1,145	1,241	1,336	1,432	1,527	1,623	1,718	1,909	15,558	70.00%
期首棚卸高	0	1,527	1,718	1,909	2,100	2,291	2,482	2,672	2,863	3,054	3,245	3,436	7,747	34.86%
仕入高	1,527	1,050	1,145	1,241	1,336	1,432	1,527	1,623	1,718	1,813	1,909	2,291	18,612	83.74%
期末棚卸高	1,527	1,718	1,909	2,100	2,291	2,482	2,672	2,863	3,054	3,245	3,436	3,818	3,818	17.18%
（売上総利益）	327	368	409	450	491	532	573	614	654	695	736	818	6,668	30.00%
（売上総利益率）	30.0%	30.0%	30.0%	30.0%	30.0%	30.0%	30.0%	30.0%	30.0%	30.0%	30.0%	30.0%		
（販売費・一般管理費）	1,122	1,165	1,207	1,250	1,293	1,335	1,378	1,421	1,464	1,506	1,549	1,635	16,324	73.45%
役員報酬	300	300	300	300	300	300	300	300	300	300	300	300	3,600	16.20%
法定福利費	42	42	42	42	42	42	42	42	42	42	42	42	504	2.27%
旅費交通費	20	20	20	20	20	20	20	20	20	20	20	20	240	1.08%
通信費	20	20	20	20	20	20	20	20	20	20	20	20	240	1.08%
交際費	15	15	15	15	15	15	15	15	15	15	15	15	180	0.81%
減価償却費	50	50	50	50	50	50	50	50	50	50	50	50	600	2.70%
賃借料	150	150	150	150	150	150	150	150	150	150	150	150	1,800	8.10%
保険料	8	8	8	8	8	8	8	8	8	8	8	8	96	0.43%
水道光熱費	30	30	30	30	30	30	30	30	30	30	30	30	360	1.62%
租税公課	4	4	4	4	4	4	4	4	4	4	4	4	48	0.22%
事務用品費	20	20	20	20	20	20	20	20	20	20	20	20	240	1.08%
広告宣伝費	33	37	41	45	49	53	57	61	65	70	74	82	667	3.00%
支払手数料	109	123	136	150	164	177	191	205	218	232	245	273	2,223	10.00%
諸会費	21	21	21	21	21	21	21	21	21	21	21	21	252	1.13%
発送配達費	200	225	250	275	300	325	350	375	400	425	450	500	4,075	18.34%
雑費	100	100	100	100	100	100	100	100	100	100	100	100	1,200	5.40%
（営業利益）	▲795	▲796	▲798	▲800	▲802	▲804	▲805	▲807	▲809	▲811	▲813	▲816	▲9,657	-43.45%
（営業外収益合計）	0	0	0	4	3	4	3	8	4	5	6	9	46	0.21%
受取利息	0	0	0	0	0	0	0	0	0	0	0	1	1	0.00%
雑収入	0	0	0	4	3	4	3	8	4	5	6	8	45	0.20%
（営業外費用合計）	13	13	13	13	13	13	13	13	13	13	13	13	160	0.72%
支払利息	13	13	13	13	13	13	13	13	13	13	13	13	160	0.72%
（経常利益）	▲808	▲810	▲812	▲809	▲812	▲813	▲816	▲813	▲818	▲819	▲820	▲821	▲9,771	-43.96%
（特別利益合計）	0	0	0	0	0	0	0	0	0	0	0	0	0	0.00%
固定資産売却益	0	0	0	0	0	0	0	0	0	0	0	0	0	0.00%
（特別損失合計）	0	0	0	0	0	0	0	0	0	0	0	0	0	0.00%
固定資産売却損	0	0	0	0	0	0	0	0	0	0	0	0	0	0.00%
（税引前当期純利益）	▲808	▲810	▲812	▲809	▲812	▲813	▲816	▲813	▲818	▲819	▲820	▲821	▲9,771	-43.96%
法人税・住民税・事業税	0	0	0	0	0	0	0	0	0	0	0	50	50	0.22%
（当期純利益）	▲808	▲810	▲812	▲809	▲812	▲813	▲816	▲813	▲818	▲819	▲820	▲871	▲9,821	-44.19%

（出所）　筆者作成

「経営経験がないとはいえ、さすがにこのような諸経費がかかることを知らずに創業を目指そうとする無謀な人などはいないのでは？　手数料や郵送費は検討ずみで創業を決めているのでは？」と思うかもしれませんが、創業者の思いが、商品の魅力や「このチャンスを逃したくない」という点に集中してしまい、Power Pointでの事業戦略しか頭になく、Excel思考で計数管理をしない状態で融資を依頼するケースが少なくないのです。

作成したシミュレーション結果を経営者にみせ、Excel思考でさらに事業戦略の数値化を進めていきます。

　私　「Aさんの計画では販売手数料と発送配達費でほぼ粗利益を食われてしまうことになります。発送配達費の負担を軽減するために、平均客単価を引き上げることができませんか。たとえば、5,000円以上（税別）の購入者のみ郵送料は無料とした場合のシミュレーションをしてみます（図表2－1－4）。5,000円に対して、500円の発送配達費であれば10％に相当します」

客単価5,000円にして再計算してみましたが、まだ▲667万2,000円の赤字です。金融機関に提出できる計画になっていません、まだ見直しが必要です。

金融機関は創業1年目の決算は経常赤字でも致し方ないと容認してくれるものの、営業キャッシュフローは少なくとも創業半年後くらいでプラスに転じてほしいと考えます。そして、遅くとも1年経過後には毎月の借入金返済が問題なくできる水準まで営業キャッシュフローが伸長していることが望ましい事業の見通しです。

日本政策金融公庫の創業時の融資は2年間の返済据置期間を許容してくれますが、だからといって2年間営業キャッシュフローがマイナスでもよいとする発想ではありません。創業時は資金繰りが不安定なので、資金繰りに少しでも余裕をもたせるために返済を据え置いてくれるだけなのです。

さて、Aさんの創業計画のここからの見直しのポイントは、まずは半年後に月次営業キャッシュフローをプラスにして、1年後に月次営業キャッシュフローを毎月の返済原資を確保できる水準まで引き上げることです。

図表２－１－４　客単価平均5,000円として計算した計画

月次損益	利益率 30.0%	在庫回転率 2.0	広告費率 3.0%	発送配達費 500円	販売手数料 10.0%

(単位：千円)

科目名	1ヵ月目	2ヵ月目	3ヵ月目	4ヵ月目	5ヵ月目	6ヵ月目	7ヵ月目	8ヵ月目	9ヵ月目	10ヵ月目	11ヵ月目	12ヵ月目	合計	売上高比率
（売上高合計）	2,000	2,250	2,500	2,750	3,000	3,250	3,500	3,750	4,000	4,250	4,500	5,000	40,750	100.00%
人数	400	450	500	550	600	650	700	750	800	850	900	1,000	8,150	20.00%
平均単価（5,000円）	5,000	5,000	5,000	5,000	5,000	5,000	5,000	5,000	5,000	5,000	5,000	5,000	60,000	147.24%
（売上原価）	1,400	1,575	1,750	1,925	2,100	2,275	2,450	2,625	2,800	2,975	3,150	3,500	28,525	70.00%
期首棚卸高	0	2,800	3,150	3,500	3,850	4,200	4,550	4,900	5,250	5,600	5,950	6,300	7,747	19.01%
仕入高	2,800	1,925	2,100	2,275	2,450	2,625	2,800	2,975	3,150	3,325	3,500	4,200	34,125	83.74%
期末棚卸高	2,800	3,150	3,500	3,850	4,200	4,550	4,900	5,250	5,600	5,950	6,300	7,000	7,000	17.18%
（売上総利益）	600	675	750	825	900	975	1,050	1,125	1,200	1,275	1,350	1,500	12,225	30.00%
（売上総利益率）	30.0%	30.0%	30.0%	30.0%	30.0%	30.0%	30.0%	30.0%	30.0%	30.0%	30.0%	30.0%		
（販売費・一般管理費）	1,240	1,298	1,355	1,413	1,470	1,528	1,585	1,643	1,700	1,758	1,815	1,930	18,733	45.97%
役員報酬	300	300	300	300	300	300	300	300	300	300	300	300	3,600	8.83%
法定福利費	42	42	42	42	42	42	42	42	42	42	42	42	504	1.24%
旅費交通費	20	20	20	20	20	20	20	20	20	20	20	20	240	0.59%
通信費	20	20	20	20	20	20	20	20	20	20	20	20	240	0.59%
交際費	15	15	15	15	15	15	15	15	15	15	15	15	180	0.44%
減価償却費	50	50	50	50	50	50	50	50	50	50	50	50	600	1.47%
賃貸料	150	150	150	150	150	150	150	150	150	150	150	150	1,800	4.42%
保険料	8	8	8	8	8	8	8	8	8	8	8	8	96	0.24%
水道光熱費	30	30	30	30	30	30	30	30	30	30	30	30	360	0.88%
租税公課	4	4	4	4	4	4	4	4	4	4	4	4	48	0.12%
事務用品費	20	20	20	20	20	20	20	20	20	20	20	20	240	0.59%
広告宣伝費	60	68	75	83	90	98	105	113	120	128	135	150	1,223	3.00%
支払手数料	200	225	250	275	300	325	350	375	400	425	450	500	4,075	10.00%
諸会費	21	21	21	21	21	21	21	21	21	21	21	21	252	0.62%
発送配達費	200	225	250	275	300	325	350	375	400	425	450	500	4,075	10.00%
雑費	100	100	100	100	100	100	100	100	100	100	100	100	1,200	2.94%
〈営業利益〉	▲640	▲623	▲605	▲588	▲570	▲553	▲535	▲518	▲500	▲483	▲465	▲430	▲6,508	-15.97%
（営業外収益合計）	0	0	0	4	3	4	3	8	4	5	6	9	46	0.11%
受取利息	0	0	0	0	0	0	0	0	0	0	0	1	1	0.00%
雑収入	0	0	0	4	3	4	3	8	4	5	6	8	45	0.11%
（営業外費用合計）	13	13	13	13	13	13	13	13	13	13	13	13	160	0.39%
支払利息	13	13	13	13	13	13	13	13	13	13	13	13	160	0.39%
〈経常利益〉	▲653	▲636	▲618	▲597	▲580	▲562	▲545	▲523	▲509	▲491	▲472	▲434	▲6,622	-16.25%
（特別利益合計）	0	0	0	0	0	0	0	0	0	0	0	0	0	0.00%
固定資産売却益	0	0	0	0	0	0	0	0	0	0	0	0	0	0.00%
（特別損失合計）	0	0	0	0	0	0	0	0	0	0	0	0	0	0.00%
固定資産売却損	0	0	0	0	0	0	0	0	0	0	0	0	0	0.00%
（税引前当期純利益）	▲653	▲636	▲618	▲597	▲580	▲562	▲545	▲523	▲509	▲491	▲472	▲434	▲6,622	-16.25%
法人税・住民税・事業税	0	0	0	0	0	0	0	0	0	0	0	50	50	0.12%
〈当期純利益〉	▲653	▲636	▲618	▲597	▲580	▲562	▲545	▲523	▲509	▲491	▲472	▲484	▲6,672	-16.37%

（出所）　筆者作成

図表２－１－５　営業CFが半年後プラス、１年後返済額相当となる計画

| 月次損益 | 利益率 | 30.0% | 在庫回転率 | 2.0 | 広告費率 | 3.0% | 発送配達費 | 500円 | 販売手数料 | 10.0% |

（単位：千円）

科目名	1ヵ月目	2ヵ月目	3ヵ月目	4ヵ月目	5ヵ月目	6ヵ月目	7ヵ月目	8ヵ月目	9ヵ月目	10ヵ月目	11ヵ月目	12ヵ月目	合計	売上高比率
（売上高合計）	2,000	3,500	5,000	6,500	8,000	11,000	12,500	14,000	15,500	17,000	18,500	20,000	133,500	100.00%
人数	400	700	1,000	1,300	1,600	2,200	2,500	2,800	3,100	3,400	3,700	4,000	26,700	20.00%
平均単価（5,000円）	5,000	5,000	5,000	5,000	5,000	5,000	5,000	5,000	5,000	5,000	5,000	5,000	60,000	44.94%
（売上原価）	1,400	2,450	3,500	4,550	5,600	7,700	8,750	9,800	10,850	11,900	12,950	14,000	93,450	70.00%
期首棚卸高	0	2,800	4,900	7,000	9,100	11,200	15,400	17,500	19,600	21,700	23,800	25,900	7,747	5.80%
仕入高	2,800	4,550	5,600	6,650	7,700	11,900	10,850	11,900	12,950	14,000	15,050	16,100	120,050	89.93%
期末棚卸高	2,800	4,900	7,000	9,100	11,200	15,400	17,500	19,600	21,700	23,800	25,900	28,000	28,000	20.97%
（売上総利益）	600	1,050	1,500	1,950	2,400	3,300	3,750	4,200	4,650	5,100	5,550	6,000	40,050	30.00%
（売上総利益率）	30.0%	30.0%	30.0%	30.0%	30.0%	30.0%	30.0%	30.0%	30.0%	30.0%	30.0%	30.0%		
（販売費・一般管理費）	1,240	1,585	1,930	2,275	2,620	3,310	3,655	4,228	4,573	4,918	5,263	5,608	41,205	30.87%
役員報酬	300	300	300	300	300	300	300	300	300	300	300	300	3,600	2.70%
人件費								200	200	200	200	200		
法定福利費	42	42	42	42	42	42	42	70	70	70	70	70	644	0.48%
旅費交通費	20	20	20	20	20	20	20	20	20	20	20	20	240	0.18%
通信費	20	20	20	20	20	20	20	20	20	20	20	20	240	0.18%
交際費	15	15	15	15	15	15	15	15	15	15	15	15	180	0.13%
減価償却費	50	50	50	50	50	50	50	50	50	50	50	50	600	0.45%
賃貸料	150	150	150	150	150	150	150	150	150	150	150	150	1,800	1.35%
保険料	8	8	8	8	8	8	8	8	8	8	8	8	96	0.07%
水道光熱費	30	30	30	30	30	30	30	30	30	30	30	30	360	0.27%
租税公課	4	4	4	4	4	4	4	4	4	4	4	4	48	0.04%
事務用品費	20	20	20	20	20	20	20	20	20	20	20	20	240	0.18%
広告宣伝費	60	105	150	195	240	330	375	420	465	510	555	600	4,005	3.00%
支払手数料	200	350	500	650	800	1,100	1,250	1,400	1,550	1,700	1,850	2,000	13,350	10.00%
諸会費	21	21	21	21	21	21	21	21	21	21	21	21	252	0.19%
発送配達費	200	350	500	650	800	1,100	1,250	1,400	1,550	1,700	1,850	2,000	13,350	10.00%
雑費	100	100	100	100	100	100	100	100	100	100	100	100	1,200	0.90%
（営業利益）	▲640	▲535	▲430	▲325	▲220	▲10	95	▲28	77	182	287	392	▲1,155	−0.87%
（営業外収益合計）	0	0	0	4	3	4	3	8	4	5	6	9	46	0.03%
受取利息	0	0	0	0	0	0	0	0	0	0	0	0	1	0.00%
雑収入	0	0	0	4	3	4	3	8	4	5	6	8	45	0.03%
（営業外費用合計）	13	13	13	13	13	13	13	13	13	13	13	13	160	0.12%
支払利息	13	13	13	13	13	13	13	13	13	13	13	13	160	0.12%
（経常利益）	▲653	▲548	▲443	▲334	▲230	▲19	85	▲33	68	174	280	388	▲1,269	−0.95%
（特別利益合計）	0	0	0	0	0	0	0	0	0	0	0	0	0	0.00%
固定資産売却益	0	0	0	0	0	0	0	0	0	0	0	0	0	0.00%
（特別損失合計）	0	0	0	0	0	0	0	0	0	0	0	0	0	0.00%
固定資産売却損	0	0	0	0	0	0	0	0	0	0	0	0	0	0.00%
（税引前当期純利益）	▲653	▲548	▲443	▲334	▲230	▲19	85	▲33	68	174	280	388	▲1,269	−0.95%
法人税・住民税・事業税	0	0	0	0	0	0	0	0	0	0	0	50	50	0.04%
（当期純利益）	▲653	▲548	▲443	▲334	▲230	▲19	85	▲33	68	174	280	338	▲1,319	−0.99%

（出所）　筆者作成

図表2－1－5が、6ヵ月目で営業キャッシュフローがプラスとなり、12ヵ月目に営業キャッシュフローが月次返済が余裕をもってできる水準まで伸びる計画です。客単価を平均5,000円にして、6ヵ月後には月2,200人の販売客数に伸ばし、12ヵ月後には月4,000人まで伸ばす。ここまでやらないと借入金返済が問題なくできるとはいえないので、必達の目標数値といえます（それでも初年度は▲131万9,000円の赤字計上です）。

　ここから先さらに計画を緻密に詰めていきます。

・30％の粗利益率が確保できるのかどうかを最終確認したい。海外からの輸入で、為替の水準や輸送費の影響は受けないのか。どのような価格決定がされるのかを確認、確約してもらう（もし、粗利確保が確約できないのなら売上原価をもう少し高めにみるべき）
・発送配達費や販売手数料の軽減方法について経営課題として検討する
・広告宣伝費は3％でよいか、メーカーから協力はないのか、広告をいつどのように効果的に打つのかを検討してもらう
　資金繰りについては以下の点を注意する必要があります。
・当初5ヵ月目までは営業キャッシュフローのマイナスが継続、約200万円の資金減少（図表2－1－6参照）
・広告宣伝費の投下が早期であればさらに資金が減少
・創業時に約2ヵ月分に相当する2,800万円の在庫を保有することになるが、この仕入決済の条件設定がとても重要（図表2－1－7参照）

図表2－1－6　営業CFの推移

	1ヵ月目	2ヵ月目	3ヵ月目	4ヵ月目	5ヵ月目	6ヵ月目
当期純利益	▲653	▲548	▲443	▲334	▲230	▲19
減価償却費	50	50	50	50	50	50
簡易営業キャッシュフロー	▲603	▲498	▲393	▲284	▲180	31
通算	▲603	▲1,102	▲1,495	▲1,779	▲1,960	▲1,929

（出所）　筆者作成

図表２－１－７　在庫の推移

科目名	1ヵ月目	2ヵ月目	3ヵ月目	4ヵ月目	5ヵ月目	6ヵ月目	7ヵ月目	8ヵ月目	9ヵ月目	10ヵ月目	11ヵ月目	12ヵ月目
期末棚卸高	2,800	4,900	7,000	9,100	11,200	15,400	17,500	19,600	21,700	23,800	25,900	28,000

（出所）　筆者作成

　最後の点について、この計画どおり進んだ場合、期末棚卸高はどんどん増加し、12ヵ月目には2,800万円となります。仕入の支払方法（決済条件）によっては、期中この金額相当額の資金調達が必要となります。開業後、半年以内に1,000万円、さらに半年後1,000万円というレベルの資金調達が必要となる可能性があるわけです。

　業績が順調に伸びた結果の増加運転資金という性格の資金不足であり、本来は喜ばしいことですが、まだ１期目の決算を迎えていない段階で金融機関から簡単に追加の資金調達ができるとは考えないほうが無難です。したがって、海外メーカーに協力をお願いし、創業１年目は支払サイトをできる限り長くしてもらうほうがいいでしょう。最低でも２ヵ月以上の猶予があれば、資金繰りはかなり安定します。

　さらに、海外メーカーに対して次のようなお願いをしてみたらどうでしょうか。

・本計画が達成できれば月額2,000万円、年商２億4,000万円の売上高の規模の会社となるが、メーカーであるＢ社からみて、その実現性はどうか。実際に他の諸外国での展開の事例があれば聞きたい（金融機関への説明材料にもなりうるので）

・そのような事業拡大が成功した場合、Ｂ社との間で販売協力金や仕入値引きなどのインセンティブの取決めをしておいてはどうか

　このような助言を行い、最終的には創業初年度プラス２年目から３年目までの中期的な見通しまで作成して金融機関に提出し、資金調達を進めて行きます。図表２－１－８が、最終的に完成した創業後３年間の中期経営計画です。

図表２－１－８　金融機関に提出する中期経営計画

（単位：千円）

科目名	1年目	2年目	3年目
〈売上高合計〉	133,500	240,000	300,000
〈売上原価〉	93,450	168,000	210,000
期首棚卸高	0	28,000	28,000
仕入高	121,450	168,000	210,000
期末棚卸高	28,000	28,000	28,000
〈売上総利益〉	40,050	72,000	90,000
（売上総利益率）	30.0%	30.0%	30.0%
〈販売費・一般管理費〉	41,205	71,208	85,887
役員報酬	3,600	5,400	6,000
給与手当	1,000	2,400	2,400
法定福利費	644	1,092	1,176
旅費交通費	240	540	540
通信費	240	780	975
交際費	180	600	600
減価償却費	600	600	600
賃貸料	1,800	1,800	1,800
保険料	96	96	96
水道光熱費	360	360	360
租税公課	48	48	48
事務用品費	240	240	240
広告宣伝費	4,005	7,200	9,000
支払手数料	13,350	24,000	30,000
諸会費	252	252	252
発送配達費	13,350	24,000	30,000
雑費	1,200	1,800	1,800
〈営業利益〉	▲1,155	792	4,113
〈営業外収益合計〉	0	0	0
〈営業外費用合計〉	160	160	130
支払利息	160	160	130
〈経常利益〉	▲1,315	632	3,983
法人税・住民税・事業税	50	50	700
〈当期純利益〉	▲1,365	582	3,283

（出所）　筆者作成

Aさんがこれをみて肩を落とし、次のように語りました。

　　Aさん　「自分が創業計画書の当初の見通しに書き込んだ、月1,000人へ
　　の販売でもけっこう強気な販売計画なのに、客数を4,000人まで伸ば
　　しても初年度赤字で、2年目に軌道に乗ったとしても、そこまで儲か
　　らないんですね。なんだかがっかりです」

　　私　「ECサイト運営は販売手数料と発送配達費で収益が圧迫されてしま
　　い、なかなか収益をあげるのが厳しい事業です。発送配達費は顧客負
　　担とし、B社の協力をしっかり取り付けてから、事業を始めるのが賢
　　明かもしれませんね」

　　Aさん　「創業は慌てずに、もう一度B社とも話してみます。ありがと
　　うございました。このまま進んでいたら、途中で破綻していたかもし
　　れませんね」

　これがFASコンサルティングの事例です。いかがでしょうか。熱い思い
で創業を目指した経営者には酷だったかもしれませんが、会社を潰さないこ
とを主軸にしたコンサルティングではよくある事例です。

....

飲食業における財務コンサルティングの特徴は何ですか。どのような視点でアドバイスをするのが有効ですか

A 　飲食業の経営がうまくいくかどうかは、提供する食事のメニュー、接客方法、店舗の立地などがカギを握るというのは当然なのですが、現実的にはこれらの要件をすべて満たすことはむずかしく、事業利益を着実に確保するためには、これらの項目の最適なバランスをとることが重要です。

　また、これらの項目については数値化ができます。その数値を管理しながら経営を行うことが、何より重要です。これを計数管理と呼びます。じつは、飲食業は見た目よりも計数管理の徹底が必要な業種なのです。財務コンサルタントとしては、計数管理によって事業の見える化を支援することになります。

　さらに、飲食店の開業（出店）には大きな投資が必要となり、ほとんどの場合は金融機関からの借入によってスタートしています。借入の返済が問題なくできるためには、いくらかの利益が必要です。利益確保のためには、適正な経費、売上原価を開業前から入念かつ保守的に計画し、開業後もその予実管理を進めていくことが重要です。財務コンサルタントとしては、そうした計画策定、資金調達、予実管理の支援を行っていきます。

◆ 数値に強い経営者でないと飲食業は務まらない？

　飲食業は業種、業態が多様である一方、だれもが参入しやすい業種であるともいえます。そのためか、脱サラして独立する人にとって人気の高い業種です。しかしながら、飲食店の閉店率は1年目で約3割、2年目になると約5割が閉店し、3年目では7割にも達するといわれています。経営者に飲食業の経験がなかったという理由だけではなく、長年、飲食業に携わった人が

脱サラして開業した場合でも、うまくいかないケースがあるのです。

これは経営者が開業にあたり、飲食業経営に必要な数値を意識していなかったか、または、想定した数値に至らなかったこと＝読みを誤ったことが主因です。

開業当初からまずまずの集客はできているが、食材の材料費の負担が重く利益が出ないとか、思ったよりも人件費が増えてしまったという事態に対して、食事のメニュー数を減らし、スタッフ数を減らすという対応を余儀なくされ、結果として顧客の満足度が低下し集客低下、売上減少という悪循環に陥ってしまったケースが多いものと思われます。

飲食業コンサルティングでは必須の計数「Ｆ、Ｌ、Ｒ」とは

飲食店の経営における計数管理で重要なのが、「Ｆ、Ｌ、Ｒ」という数値です。「Ｆ、Ｌ、Ｒ」はそれぞれ英語の頭文字をとったもので、Ｆは「Food」で材料費、Ｌは「Labor」でアルバイトや正社員にかかる人件費、Ｒは「Rent」で家賃（賃料）のことです。人件費には法定福利費、福利厚生費も含みます。

この「Ｆ、Ｌ、Ｒ」が高ければ高いほど理想の飲食店に近づきます。一方で、収益を圧迫することになります。

「駅から徒歩数分、ゆったりとした空間で高級食材ながらもお値打ちなメニュー、ホテルのように行き届いたスタッフの接遇を提供」

こんな理想を掲げてお店をOPENしたとしても、現実的にはうまくいかない可能性が高いでしょう。

飲食店の開業時には、このＦ、Ｌ、Ｒの売上高に占める比率の設定、開業後にはそれらの実績管理を行うべきです。これらの比率の高さと利益には相関関係にあるため、比率をいかに抑えるかが非常に重要です。経営者のなかには計数管理が苦手という方もいます。経営者の事業に対する思いを数値化し、見える化できるような管理体制を構築することが財務コンサルティング

には求められます。

　一般的に、売上に対してF＋Lの比率が60％以下、Rは10％以下に抑えるのが理想だといわれています。これらの数値は、売上に比例する変動費として管理することになります。

　もっとも、R＝家賃は固定費ではないのかと思うかもしれません。たしかに多くの場合、Rの数値はいったん確定したら変更は不可能ですので、物件選びは重要です。立地の良さ、駅からの距離、駐車場の有無、席数などから選択することになりますが、財務的な視点でいえば、Rを売上高の10％以下にするということは、たとえば、家賃が月30万円だとすれば、月300万円以上の売上が上がる店舗かどうかが、物件選びのチェックポイントの一つになります。

　また、店舗の立地や面積を優先し、それなりに家賃コストが高額となれば、そのRの比率上昇分を吸収するために、FかLの比率を抑制して運営する必要が生じます。何かを優先すれば何かをあきらめる必要がある。これが飲食店経営の判断のむずかしいところであり、やりがいのある点でもあります。

 ## ほかにも留意すべき計数管理──売上予想の正しい計算方法

　売上の予想については、具体例を用いて説明します。

【相談事例】　脱サラして飲食店を開業したいという55歳男性

　今般、会社を早期退職し、まとまった退職金が入ったので夢をかなえようと物件を探していたところ、駅前徒歩数分の場所で、元居酒屋であった、面積20坪、家賃30万円の物件が見つかった。開業する店舗のイメージは次のとおり。

・高級とまではいわないがオシャレなイタリアンレストラン

・昼、夜営業で月25日稼働を予定

> ・客単価は昼のランチ2,000円、夜5,000円

(1) 客席数の目安はどれくらい？

　居酒屋であった物件をオシャレでカジュアルなイタリアンレストランに改装するとなると、店舗の客席数が気になります。

　また、飲食店は客席だけでなく、厨房面積も考慮しなければなりません。軽食をメインとするなら厨房面積は小さくできますが、料理の提供をメインとする場合、厨房にも相応の広さが必要です。席数を考える前に、厨房と客席との面積比を考える必要があります。

　厨房面積比はラーメン店等の軽食20％、居酒屋等の一般的な食事提供30％、比較的高級なレストラン40％とされています。本件は、高級とまではいえないが、オシャレなイタリアンレストランとのことですから、料理の提供のための厨房は大きめとなり、スペースの40％は厨房にとられるかもしれません。そうだとすると、厨房の増幅工事が必要となり、客席スペースは20坪の60％＝12坪となります。

　次に、飲食店の坪当り客席数の目安は以下のとおりとなります。
・高級な専門店やレストランなど、ゆったりとした座席配置の店舗……1坪当り1席
・一般的な店舗……1坪当り1.5〜2席
・大衆型店舗……1坪当り2〜2.5席

　上記から、本件では12坪×1〜1.5席＝12〜18席が妥当な客席数となります。

(2) 回転数の求め方──客席稼働率も考慮して

　回転数とは、飲食店舗にあるテーブルや席がどのくらい利用されるのかを示す指標です。たとえば、20席ある店舗の1日の来店者数が40人だった場合、2回転したということができます。

　一方で、20席ある店舗でもカウンター席がなく、テーブルが4席ずつ5

テーブルある店舗の回転数は、上記とは違う計算が必要となります。これは客席稼働率という考え方で、客席が実際にどれくらい使われているか（稼働しているか）を表す指標です。

　全席にお客様が座っている状態ならば、20人のお客様がいることになりますが、4人席に2人で座っているケースもあるはずです。たとえば、ランチタイムで今日は10組の来客があったという場合、テーブル席ベースでみればちょうど2回転ですが、客席数（人数）ベースで計算すると2回転に満たないわけです。

　一般的に客席稼働率は60〜70％といわれています。したがって、店舗の売上を予想する際には、これらの数値を考慮した、

客単価×席数×回転数×客席稼働率＝売上高

という計算となります。

　飲食店が売上を上げるには、客単価に加えて「回転数」「稼働率」の両方を一緒に検討していくことがとても重要です。「回転数」「稼働率」を引き上げるための具体的な方法としては、次のようなものがあります。

・テーブルは小さなテーブルのみにすることで、自由に席数を操作できるようにしておく
・料理提供のオペレーションを時間の無駄がないように徹底する
・調理工程にとって負担の少ないメニューを選定する
・ホール側と厨房側のコミュニケーションを徹底する
・居心地を良くしすぎない（こまめに空いた皿を下げるなど）
・最新のPOSレジの機能を活用する（注文データをキッチンへ送信、テーブル番号の選択で会計金額を呼び出すことができるオーダーエントリーシステム＝OESや、店舗のテーブルレイアウトを登録でき、どの席に何人を案内したのかを記録、稼働率を確認集計することができるものがある）

飲食店の市場動向

　レストランや居酒屋などの飲食店は外食（がいしょく）といいます。一方で、家庭で素材から調理したものを食べることは「内食（うちしょく、ないしょく）」と呼ばれます。また、惣菜や弁当などを買って帰り、家で食べること、あるいはその食品のことを外食と内食の中間にあるということで「中食（なかしょく）」といいます。

　中食のタイプとしては、①スーパー、コンビニエンスストア、弁当チェーン、デパ地下などで売られている弁当・調理済食品・惣菜などの「テイクアウト」、②宅配のピザ・中華・寿司などの「デリバリー」、③自宅や特定の場所で調理をしてもらう「ケータリング」の３つがあります。

　コロナ禍が落ち着き、外食需要が徐々に持ち直しつつあるものの、食事の形態がコロナ禍をきっかけに変化し、構造的な変化も起こっているため、外食需要が完全にコロナ禍前に戻るかは不透明といわれています。近年では、スマホからオーダーができる「出前館」や「ウーバーイーツ」の存在も大きくなっています。これらを利用した料理の提供は宅配の人員を確保する必要がないモデルであるため、個人店も市場に参入し競争が激しくなっています。

　自宅で食事をする機会が増えるなか、一食分の食材・調味料さらにはレシピなどを一式のセットとした「ミールキット」の市場規模は2024年度には1,900億円（2021年度比約20％増）に拡大するという予測もあります。

　外食事業であっても、夕飯用の料理を買って帰る人のためにテイクアウト予約のサービスを実施する飲食店や、売れ残ってしまいそうな料理を割安な価格で販売し、廃棄を減らすなどの工夫をしている飲食店も増えてきています。テイクアウトのサービスは、自分で料理を持ち帰るぶんデリバリーより割安なこともあり、利用者が増えているそうです。

　飲食業の事業展開を考える際には、こうした構造変化を勘案する必要がありそうです。

卸売業における財務コンサルティングの特徴は何ですか。どのような視点でアドバイスをするのが有効ですか

A 卸売業は「中間問屋」とか「仲卸」と呼ばれることもあるように、製造業と小売業の間に位置し、製品を仕入れて小売業に提供する業種です。運送業や倉庫業に近い業種にみえますが、卸売業ならではの機能があり、その機能を提供することで利益を得ています。財務コンサルティングを行う場合、その機能がどのようなものかを理解したうえで、卸売業の経営支援に必要な計数管理や資金調達のサポートを進める必要があります。また、インターネットの普及でECサイトが増加し、製造業と消費者の直接取引が増え、業界全体の市場規模が大きく縮小しており、生き残るためには顧客側の経営支援にまで入り込むような付加価値の高いビジネスモデルの構築が求められている業界でもあります。

卸売業の定義

　製造業が生産した商品を仕入れて消費者に届ける事業を総称して流通業界といいます。図表2-3-1は、流通業界全体市場規模（商業販売額）と分類を示した資料です。2022年の流通業界の規模は全体で585兆円、うち卸売業が431兆円（全体の73%）、小売業が154兆円（全体の27%）になっています。卸売業は、流通業界のなかで大きな割合を占めています。

　国税庁の定義によれば、卸売業とは、他から購入した商品の性質や形状を変えず他の事業者に販売する事業となっています。以下のような場合は、「性質や形状を変えない」に該当することになります。

・購入した商品に商標やネームなどを貼り付けることや表示すること
・複数の商品をセット商品として詰め合わせること

図表２−３−１　2022年主要な業態からみる商業販売額

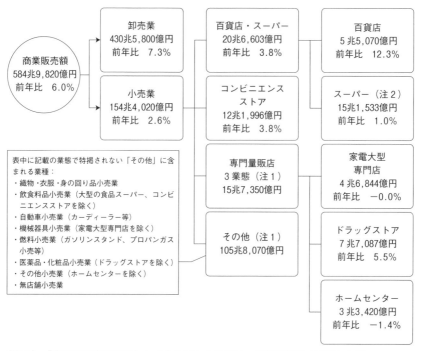

(注１)　「専門量販店３業態」と「その他」の数字は、経済解析室で計算した値。
(注２)　従業者50人以上の小売事業所のうち、売場面積の50％以上についてセルフサービス方式を採用している事業所であって、売場面積が1500㎡以上の事業所（ただし専門量販店３業態に該当するものは除く）。
(注３)　前年比率は、ギャップを調整するリンク係数が発生した場合、係数処理した数値で計算している。
(出所)　経済産業省経済解析室資料

・液状などの商品を小売販売店用の容器に収容すること
・ガラスその他商品を他の販売業者に販売するため裁断すること
・まぐろを小売店に販売するため皮をはいだり四つ割にしたりすること
　この例からわかるように、卸売業は単なる物品の保管や搬送を行う業務ではなく、性質、形状は変えないけれどもなんらかの手を加えて、小売業等顧客のニーズに対応する機能を提供している事業者といえます。

卸売業の機能

⑴　在庫調整と金融・リスク負担機能

　卸売業のおもな機能として、製造業と小売業の間に立ち、それぞれの在庫負担を調整する役割があります。製造業が直接小売店に販売するとなると、小売店は同じ商品を一度にまとめて買ってくれないので生産計画を立てにくくなります。また、製品が売れるまで長期間保有するコストとリスクが発生します。一方で、小売業にとっては一度に販売できる量は限られているため、大量に購入すると資金負担と在庫の過剰化や不良化のリスクが発生します。

　卸売業が複数の小売業の注文を取りまとめることで、製造業へは一定規模の発注が可能となり、両者にとって最適な在庫負担となるように調整する機能を提供しているといえます。そのかわり、卸売業が在庫の資金負担とリスクを負うことになりますので、背負うリスクを最小化するためには、不良化しない売れる製品を適切な量で仕入れるという目利き力が必要です。さらに、資金調達力も必要となりますので、自社の財務内容について高い意識をもっておく必要があります。

⑵　マーケティング支援機能

　製造業にとって、全国に点在する小売店一つひとつに自社製品を販売するのは大変なことです。製造業者のかわりに製品を販売する、いわば営業代行機能を担っているのが卸売業です。また、小売店で売れている商品の情報や、消費者の購買動向・ニーズといった「現場の情報」を製造業に提供することによって、次の商品開発の貴重な情報源となります。

　小売店に対しても同じことがいえます。どの製品が現在売れているのか、売れている小売店はどのような販売手法を用いているのかといった情報を伝えることで、小売店の販売促進を支援しています。

⑶ 物流機能

　製造業から大量に仕入れた製品を保管し、仕分け、加工、包装して小売業者へ配送する機能です。都市部への人口偏在傾向が強まるなか、運送業の人材難もあり、地方の中小都市や山間部・過疎地域への物流機能提供は困難になりつつあります。また、小規模事業の従事者の高齢化もあり、事業に必要な部品、材料、工具をつど買いに行き、積み下ろす作業も大きな負担になっています。製品を地域の隅々まで配送し、作業現場で積み下ろしをすることも、卸売業者に対して求められている機能です。最近では、運送費の高騰に対し共同配送の仕組みを構築して運送費削減を売りにしたり、ネット通販向けに多頻度小口配送を売りにしたりと、時代に対応した機能をアピールする業者も出てきています。

岐路に立つ卸売業の生き残り戦略

　ECサイトの活性化により、消費者が直接欲しい商品を探して購入できるようになったことや、製造業者と小売業者との直接取引の増加などから、「中抜き」といわれる、卸売業者を通さない取引が増加しています。経済産業省の「商業動態統計」のデータによれば、卸売業の販売額は1989年には502兆円を超えていましたが、2019年には315兆円を下回りました。このように、卸売業全体の規模は大きく縮小しています。生き残るためには、付加価値の高いビジネスモデルの構築が求められています。

　卸売業者が主要顧客である小売店の経営全般を支援する活動を「リテールサポート」といいます。卸売業が生き残ることができるかどうかは、このリテールサポートにいかに注力できるかにかかっているといわれています。小売店は、注文した商品を届けてくれるだけの卸売業者には魅力を感じなくなってきています。また、売れ筋商品を提供してくれる、有益な情報を提供してくれるというだけでは満足せず、小売店が発見しにくい課題などを指摘し、その解決に向けて支援を惜しまない卸売業者が求められています。自社

の売上を増やすことを第一義に考えず、あくまでも小売店の経営を第一義に考えることで強固な信頼関係を構築し、小売店にとってなくてはならない存在になることが重要だとされています。

　たとえば、小売業にはITリテラシーがそれほど高くない事業者も少なくないため、データの収集・分析とそれに基づく売場活用・販促施策の提案が有効なサービスとなります。一例として、

・POSデータに基づく売れ筋・不稼働商品の把握
・顧客データ分析に基づく販促企画（セット販売など）
・月次損益データに基づく課題抽出・解決サポート

などがあげられます。なお、このようなデータを収集し、分析を行うためには専用の販売管理システムが必要となります。この販売管理システムの導入を卸売業者が支援するのも良い策です。

　販売管理システムの導入を支援することは卸売業者側にもメリットがあります。各取引先の情報を収集することにより、自社の営業データとしての活用が可能となるし、顧客はデータを蓄積することによって導入したシステムを長期にわたり使用してくれますので、ひいてはそのシステムを管理している卸売業者との取引も切りにくくなります。

　こういったシステムを共用する仕組みは、顧客との中長期的な関係を築くうえでも非常に重要なポイントとなるのです。

卸売業の計数管理のポイント──在庫回転期間

　卸売業にとって最も重要な財務指標は在庫回転期間です。在庫回転期間とは、在庫が1回入れ替わるのにかかる期間のことで、○日、○ヵ月という単位で示します。在庫回転期間の計算には、売上高を基準にする場合と売上原価を基準にする場合があります。売上高を基準にする場合の計算式は以下のとおりです。

　　　在庫回転期間＝棚卸資産／売上高

　たとえば、棚卸資産が1,000万円、年間の売上高が1億2,000万円だったと

します。月売上は1億2,000万円÷12ヵ月＝1,000万円なので、在庫回転期間は1,000÷1,000＝1.0ヵ月ということになります。

　この数値は、保有している在庫をすべて売り切るまでにかかる期間を示します。このケースですと1ヵ月分の売上に相当する在庫を保有していることになります。

　一方で、売上原価を基準にして在庫回転期間を計算した場合、何ヵ月分の仕入に相当する在庫なのかを判断する数値となります。

　図表2－3－2は、卸売業の分類ごとの平均的な在庫回転期間です。

　図表2－3－2に照らして、在庫回転期間が短いと、同業に比べて商品がよく売れていることになり、逆に長い場合は、過剰に在庫を抱えているか、売れていない商品や不良化した商品が混ざっている可能性があると推察できます。季節性のある商品を売り逃してしまった、あるいは、来期に販売しようと在庫を翌年に持ち越したが、年が変わると消費動向も変わり、結局、売れなくなってしまった。しかし、損切りして販売すると財務的な影響が大きいので売りたくても売れない。在庫の水準は業界平均を大きく上回っており、在庫の実在性を疑う金融機関も現れ資金調達も厳しくなってきたというケースが卸売業でよくみられます。

　こうした事態は、ふだんから在庫水準の抑制管理を徹底し、長期保有にリ

図表2－3－2　卸売業の在庫回転期間（月）――売上高基準

分類	在庫回転期間
全体	0.7（月）
各種商品卸売業	0.4（月）
繊維・衣服等卸売業	1.5（月）
飲食料品卸売業	0.5（月）
建築材料、鉱物・金属材料等卸売業	0.6（月）
機械器具卸売業	0.7（月）
その他の卸売業	0.9（月）

（出所）　中小企業庁「2020年度中小企業実態基本調査（e-Stat）」のデータから筆者作成

スクがある商品は迅速に売却、処分するなどのルールを厳格にすることで避けることができるはずです。

　財務コンサルティングの視点からいえば、在庫回転期間を短くすれば、経常運転資金が少なくてすみますから、資金繰りも楽になり、保管するスペースの賃料や作業コストが減るので経費削減にもつながります。

　金融機関からみれば、在庫が過大だと、前述のように含み損の存在を考慮せざるをえなくなり、自己資本がそれほど厚くない財務内容であれば、実態は債務超過ではないのかという懸念もあり、融資に慎重にならざるをえません。

利益率は高くないなかで新しい付加価値を求められる厳しい業界

　図表２－３－３は、おもな卸売業種の売上総利益率です。

図表２－３－３　卸売業の売上総利益率

業種	売上総利益率
卸売業	15.2%
各種商品卸売業	12.8%
繊維・衣服等卸売業	21.3%
飲食料品卸売業	12.3%
建築材料、鉱物・金属材料等卸売業	13.2%
機械器具卸売業	17.1%
その他の卸売業	18.1%
製造業	21.0%
小売業	30.9%
倉庫業	31.7%
運送業	23.2%

（出所）　中小企業庁「2020年度中小企業実態基本調査（e-Stat）」のデータから筆者作成

卸売業の売上総利益率は全体平均で15.2%であり、製造業、小売業のリスクや負担を軽減する役割を担いながら、それらの業種に比べて決して高いとはいえない利益率となっています。原油高や為替の影響を受けやすい業種でもあり、原価が上昇すると赤字となりやすい水準であるといえます。

　卸売業の計数管理の具体的な手法としては、この表の平均値を必達の目標利益率にした経営計画を策定します。ついては売上原価率の抑制管理の徹底が必要となるので、商品別、顧客別粗利率や月次の棚卸資産を正確に把握する必要があります。棚卸資産の回転期間を適正な数値に維持することも必要です。そのためには、在庫管理システムや販売管理システムのデータを活用（なければ導入）する必要が出てくるでしょう。

Q 2-4　財務コンサルティングの実践（建設業）

建設業における財務コンサルティングの特徴は何ですか。どのような視点でアドバイスをするのが有効ですか

A　建設業は大きな資金需要をもちながら、資金調達が簡単ではない業種であるといえます。財務コンサルティングを行う場合、建設業界の特徴、金融機関からみて融資がしにくい点などを理解しつつ、堅実な資金繰り計画の作成をサポートする必要があります。また、元請会社や公共機関に決算データを開示することも多いため、自社の財務状況の把握が重要な業種でもあります。それらの視点から、財務コンサルティングニーズの高い業種であるといえます。

◤ 業界の仕組みを知っておこう

　建設業への財務コンサルティング手法を論じる前に、まずは業界の仕組みについて理解をしておきましょう。

　まず建設工事の種別では、住宅やビル、学校、工場などの建物を建築する「建築業」と道路やトンネル、橋、ダム、水道などのインフラ整備を行う「土木工事業」に大別されます。また、その施工主体の分類として、デベロッパー、ゼネコン、ハウスメーカー、工務店といった区別をしています。

① 　デベロッパー……デベロッパーとは、工事全体の企画・開発を担う企業を指しており、商業施設、リゾート開発、マンションなど得意分野をもちながら、以下に記載するゼネコン、サブコンなどさまざまな業種と連携し、建物等を完成まで導きます。

② 　ゼネコン……ゼネコンとは「General Contractor」の略称で、元請業者と呼ばれます。デベロッパーとともに企画・開発などに携わりながら、デベロッパーから受注した工事を分割してサブコンなどに発注します。売上

高が1兆円クラスをスーパーゼネコン（大手ゼネコン）、3,000億以上を中堅ゼネコンと呼んでいます。

③　サブコン……サブコンは「subcontractor（サブコントラクター）」を略したもので、「下請け業者」という意味があります。ゼネコンが施主から工事一式を請け負うのに対して、サブコンはそのうちの一部の専門的分野（たとえば、電気工事など）を下請け業務として請け負います。

④　工務店……工務店は一般的に、戸建住宅などの建設を請け負う地場の建設会社のことを指します。比較的狭い営業エリアで地元に密着した活動を行っているため、大規模なハウスメーカーと比べて、施主の好みや条件にあわせた建物の建築を得意としています。

 ## 建設工事の流れ

比較的大規模な工事の場合、

発注元（国、自治体、民間）→ゼネコン→サブコン→専門工事業者→技能工を抱える地域の工務店

という流れになります。

最初に国や自治体、民間企業が土木・建築工事を発注します。それを受注するのがゼネコンと呼ばれる建設会社です。ゼネコンは工程や資材費の管理、現場職員の安全管理、サブコンの取りまとめを担います。サブコンといわれる専門工事業者から、実際に作業を行う技能工を抱えている中小の工務店などに発注がかけられ、工事が進められていきます。

 ## 建設業は最も資金繰りが不安定な業種？

資金繰りが不安定となりやすい業種は複数ありますが、なかでも建設業は最も資金繰りが不安定になりやすい業種であるといえます。次の要因が重なって、資金繰りが苦しくなる可能性が高いからです。

⑴ 先行して支払が発生する

　建設業の取引の特徴は、工事代金の入金に先行して支払が必要になることです。契約によっては、着工手金や中間払がありますが、案件を受注してすぐに材料費、人件費、重機のレンタル費用、外注費などさまざまなコストを負担しなければなりません。加えて、近年では材料費と人件費が大幅に上昇しているために資金負担が重くなっています。さらに、工期が延びたり、追加工事が発生したりすると入金が遅れ、予想していない資金不足が発生することも少なくありません。

⑵ 金融機関が融資しにくい

　中小の建設業者は下請けの位置になることが多いため、大手の発注元から厳しい取引条件を強いられることも多く、工事が低採算に陥りやすい傾向にあります。結果として赤字決算となり、金融機関としては積極的に融資がしにくいことになります。また、経済環境に左右されやすい点も返済不要の短期継続融資や長期の運転資金の融資がしにくい理由となっています。

　さらに、他の業種の在庫に相当するのが「未成工事支出金」ですが、金融機関からみて、その実態評価がむずかしい点も融資がしにくい理由です。とりわけ決算期中の月次損益を精緻に把握するためには、工事別出来高管理表（工事台帳とその進捗状況がわかる資料）と月次残高試算表の整合性を詳しく調査する必要がありますが、金融機関の担当者にはそのための時間やノウハウが不足しています。

　たとえば、未成工事支出金が年間の平均完成工事高の過半を超える残高となっている場合は、その実在性や決算着地損益が不透明であるため、信用面でのリスクありとして融資には消極的にならざるをえないのが実情なのです。

　そのため、財務コンサルタントとしては「未成工事支出金」の実態を明確にした工事の進捗管理表の作成をサポートし、資金調達の際に限らず、恒常的に金融機関に提出するように指導するのが建設業者の資金繰りの安定化に

は有効です。

　なお、工事請負業である中小の建設会社は、元請企業からも決算書の開示を求められることが多く、決算書は公共工事にかかわる「経営事項審査」や、入札資格・格付・許認可の維持のために重要な情報として扱われます。したがって、他の業種に比べて決算の数値、つまり自社の財務状況について高い意識をもっておく必要があります。

　とはいえ決算数値を意識するあまり、赤字回避のために恣意性のある会計処理を望むケースがあります。そうした行為はいずれ顕在化し、信用失墜につながることもあるため、日頃から財務の健全性を重視し、財務の実態を把握、開示するように指南をしていくのが建設業に対する財務コンサルティングの特徴といえます。

⑶　回収サイトが長い

　建設業は売掛債権の回収サイトが長いことも、資金繰りの負担が大きい要因です。最近は下請法の整備で、売掛金の回収サイトは60日以内、手形の回収サイトは120日以内となっていますが、やはり回収サイトは長いといえます。手形割引や廻し手形で資金調達できればいいのですが、振出人の信用度によっては金融機関や取引先が手形割引や廻し手形の受取りに応じてくれない場合もあり、資金負担が重くなります。

公共工事の入札と経営審査

　各自治体が発注する公共工事（公共施設や公用設備の工事）では、入札制度が取り入れられています。入札制度とは、公共工事を受注する場合に、複数の業者が発注者（自治体）へ見積価格を示し、価格の優劣などによって工事の受注業者が決められる形式です。

　そのため、公共工事を受注するには、入札への参加と落札が必要です。入札に参加したいと思った事業者すべてが参加できるわけではなく、参加資格があります。自治体や省庁によって要件は異なりますが、おおむね共通した

次のような要件があります。

① 建設業許可を受けていること

② 経営事項審査を受けていること

③ 各種税金に未納がないこと

④ 欠格要件に該当しないこと　等

　上記②「経営事項審査」は「経審」とも呼ばれ、工事を発注する公的な機関が入札に参加しようとする建設業者の客観的事項と主観的事項の審査結果を点数化し、順位付け、格付けを行う際に、客観的事項の審査にあたるのが経営事項審査です。この審査は「経営状況」「経営規模」「技術力」「その他の審査項目（社会性等）」について数値化し、「総合評定値」とします。なお、「経営状況」の分析は、国土交通大臣に登録した経営状況分析機関が行っています。

　経審の申請をすることによって、「あなたの会社は何点です」という結果が返ってきます。この経審の総合評定値をもらっていないと、入札参加資格を得ることはできないということになります。

　経審の審査項目は、大きく分けて４つのカテゴリに分類されます。

① 経営規模（X）……完成工事高（X1）と、自己資本額および職員数（X2）の２つからなる審査項目です。特に完成工事高は全体の35%のウェイトを占めており、最も重視される項目となっています。

② 経営状況（Y）……建設業者の収益性、流動性、安定性、健全性を審査する項目です。具体的には、

　・純支払利息比率

　・負債回転期間

　・売上高経常利益率

　・総資本売上総利益率

　・自己資本対固定資産比率

　・自己資本比率

　・営業キャッシュフロー

　・利益剰余金

から算出します。

③　技術力（Z）……技術職員数と元請完成工事高から算出する審査項目です。

④　その他の審査項目（W）……X、Y、Zのいずれにも該当しない、社会性等を審査する項目です。労働福祉の状況や、工事の安全成績、営業年数、建設業経理事務士の数などを評価します。

　経審では、項目区分ごとに審査を行い、以下の計算式をもとに総合評点（P）を算出します。

$$P = 0.35 \times (X1) + 0.010 \times (X2) + 0.20Y + 0.20Z + 0.15W$$

 ## 注視しておきたい財務指標──金融機関はここをみている

(1)　立替工事高比率

　立替工事高比率とは、1年を通した工事施工高（完成工事高と未成工事支出金の合計）に対する「工事代金等を立て替えている」金額の割合をみる指標で、全体としての“資金繰りの円滑性”を判断するものです。2020年度「建設業の経営分析」（建設業情報管理センター）の平均値は11.04％となっています。

　また、2019年度「建設業構造実態調査」（国土交通省）の統計データによると、工事の種別や受注形態等で違いがありますが、一般に中小建設業が請け負う工事の工期は1〜2ヵ月程度のものが多く、「業種別支援の着眼点」（金融庁）は、年間の工事施工高（完成工事高と未成工事支出金の合計）に対する立替工事高（受取手形＋完成工事未収入金＋未成工事支出金−未成工事受入金）の割合は11〜13％（年商の約1.5ヵ月分）が一つの目安であるとしています（図表2−4−1）。

　立替工事高比率の数値が低いほど、資金繰りが円滑であるといえます。一方で、数値が異常に高い場合は、粉飾決算や工事支払条件を大幅に譲歩した

図表２－４－１　立替工事高比率の目安

$$\boxed{\begin{array}{c}立替工事高\\比率\end{array}} = \frac{受取手形＋完成工事未収入金＋未成工事支出金－未成工事受入金}{完成工事高（売上高）＋未成工事支出金} = \boxed{\begin{array}{c}11\sim13\%\\が目安\\（約1.5ヵ月分）\end{array}}$$

（出所）　金融庁「業種別支援の着眼点」

無理な工事受注営業、元請企業の経営危機（工事代金の支払条件が悪い）等も考えられます。

(2)　売上原価（完成工事原価）

　中小建設業の特徴として、受注した工事で利益が出るかどうか、原価管理ができていない会社が多く、財務コンサルティングとして原価管理体制の構築支援のニーズがあります。利益を確保するためには見積りの段階で赤字になる案件は受注しないのが原則ですが、現実には売上を優先するために、赤字になる可能性が高い案件でも受注しているケースが多くみられます。赤字案件が増えれば確実に資金繰りを圧迫するため、受注の前に工事原価の管理をしっかり行い、利益が出そうもないものに関しては断る勇気も大切です。

　売上原価で注目するのは、原価全体の多い少ないではなく、各費目の「割合」です。たとえば、材料費や労務費が少なく、外注費の割合が大きい場合、外注費を抑制し、内製化が可能な工事を増やすことで収益性の向上が可能になるケースがあります。

　一方で、工事に従事する従業員の高齢化や自社の規模から、自社単独では請け負えない、負担の大きな工事を外注先に委託することはやむをえません。外注費が多くなっても赤字を出さないように、工事ごとの採算を把握しておくことが大切です。

（参考資料：金融庁「業種別支援の着眼点（2023年３月）」）

Q 2-5　財務コンサルティングの実践（小売業）

小売業における財務コンサルティングの特徴は何ですか。どのような視点でアドバイスをするのが有効ですか

A 　コロナ禍の影響でソーシャルディスタンスやテレワークなど、人々の行動様式が新しく変化し、「ニューノーマル」と呼ばれる時代になっています。ニューノーマル（New Normal）とは、「新しい常態」という意味で、変化前の日常には戻らない、また、その時代の変化に対応できないと取り残されてしまうという意味を含んでいます。小売業者は消費者の購買動向の変化を的確にとらえ、実店舗の出店にあたってその事業性の検証を保守的に行うこと、また、人材不足が顕著な業界でもあるため、IT、ECの活用を促進すること、在庫管理の効率化による省人・省力化を図ることが求められます。そして、マーケティング費用の予算管理と効果の確認などについて必要となる計数管理を明示し、経営をサポートするのが有効な財務コンサルティングとなります。

小売業の定義

　製造業者が生産した商品を仕入れて消費者に届ける事業を総称して流通業といいます。Q 2-3で示した図表2-3-1によれば、2022年の流通業界の規模全体は585兆円、このうち卸売業が431兆円（全体の74%）で小売業が154兆円（全体の26%）になっています。百貨店、コンビニエンスストア、自動車販売業などが小売業に当たります。EC、通信販売なども無店舗小売業と呼ばれる小売業となります。

小売業の動向

　これまでECをそれほど利用してこなかった消費者も、今回の外出自粛という状況のなかでECの利便性を体感した可能性は高いといえます。店舗に行くことが煩わしくなり、ECサイトで物を買うようになった消費者が増加しています。

　2021年における物販系分野のBtoC-EC市場規模は、前年比8.61%増の13兆2,865億円でした。EC化率は8.78%で、2020年と比べて0.70ポイント上昇しています（図表2－5－1）。

　特に2020年はコロナ禍で巣ごもり需要が拡大し、物販系分野のBtoC-EC市場規模は前年比21.71%増という高い成長率でした。一方で、日本国内の小売市場（小売業の商業販売額）はほぼ横ばいですから、コロナ禍で小売市場のECシフトが急速に進んだことがわかります。

　しかし、EC市場が増大しているといっても、市場参入者も同じく増加し

図表2－5－1　物販系分野のBtoC-EC市場規模およびEC化率の経年推移

（市場規模：億円）　　　　　　　　　　　　　　　　　　　　　　　　　　（%）

- 物販系分野BtoC-EC市場規模（左軸）
- EC化率（右軸）

年	市場規模	EC化率
2013	59,931	3.85
14	68,043	4.37
15	72,398	4.75
16	80,043	5.43
17	86,008	5.79
18	92,992	6.22
19	100,515	6.76
20	122,333	8.08
21	132,865	8.78
22	139,997	9.13

（出所）　経済産業省「令和4年度　電子商取引に関する市場調査　報告書」

ています。また、EC事業はインフレに弱いといわれています。なぜなら、ECはセールやポイントを駆使して、「安く売る」という販売方法を得意としてきたからです。東京商工リサーチの「TSRデータインサイト」によると、2022年度の「無店舗小売業」の倒産件数（負債1,000万円以上）は前年度比10.2%増の86件で、3年ぶりに前年度を上回り、2008年度以降では2019年度の99件に次いで2番目の多さでした。

　ECが登場した2000年頃から現在まで、日本は物が安く買えるデフレの時代が続いてきました。今後は価格競争とポイント付与では商品を売ることがむずかしくなり、「徹底的に安く売る」か、「高くても買いたい商品を売る」かの二者択一を迫られることになるといわれています。

　しかし、資本力の乏しい中小企業のECで、「徹底的に安く売る」戦略で利益を確保することはむずかしいといえます。となると、選択としては「高くても買いたい商品、ここにしかない商品を売る」という販売方法しか生き残る道はないということになります。また、高く売るためには付加価値をうまく伝える必要があり、動画やSNSなどのコミュニケーションツールを活用した売り方が主軸になります。広告や市場調査といったマーケティングの費用を戦略的に予算化して着実に実行し、その効果の検証をサポートするコンサルティングが求められます。

ニューノーマルの実店舗のあり方

　コロナ禍の実店舗への影響は深刻でした。これからの実店舗は感染対策とともに、新しい消費行動に適応する店舗販売の価値を再構築していく必要があります。

　そもそも、実店舗でものを販売することは、オンラインと比べてどんなメリットがあるのかを再確認すると、
・見て、触れて、実物を確認して購入ができる
・すぐ手に入る
・衣服を販売する店舗では、スタイリストによるアドバイスなど付随する

サービスが受けられる

・ニーズを直接伝えることができる

ということになるでしょう。

　こうした顧客のニーズに対応しつつ、一方で、コロナ禍が実店舗に与えた影響は、固定費負担と過剰な在庫が経営を悪化させてしまったことですから、そのようなリスクを軽減する実店舗モデルがニューノーマルにふさわしいモデルといえます。

　たとえば、コンセプトとターゲットをできる限り絞ったセレクトショップといわれるスタイルの店舗があります。絞ることで売り場面積を小さめにでき、在庫や販売員も少なくてすみます。このスタイルを基本としてデジタル化を強化し、顧客を待たせない、接触機会も最低限とする、その後は通販でリピート購入を促すなどのモデルが検討できると思います。

小売業の計数管理

　小売業の計数管理を支援する際に、最低これだけは知っておきたい財務知識を3つあげておきます。

(1)　売上ロジックツリー

　小売業の計数管理に必須ともいえるのが「売上ロジックツリー」です。売上ロジックツリーとは、売上の構造を細分化する作業をいいます。売上高は、販売単価や客数、買上点数などさまざまな要素が組み合わさった結果と考えることができます。さらに、実店舗では来店者数、ECでは閲覧者数に対する購買者数の割合である購買率という要素を加えることができます。

(2)　売上高総利益率

　どの業種にも重要な指標ですが、売上高総利益は小売業において売上高と同じくらい大切な指標です。店舗を運営していると人件費や光熱費、家賃地代などさまざまな費用が発生します。これらの費用は、売上高から売上原価

を差し引いた売上総利益から支払うことになります。

　ほとんどの小売店は単一商品ではなく、多様な品揃えをするわけですから、商品ごとに粗利益率が異なるはずです。次に示す損益分岐点売上高を判定するにも、この売上高総利益率が基準となりますので、商品別ならびに会社全体の売上高総利益率を月次で把握できるようにすべきです。

⑶　損益分岐点売上高

　小売店を経営する場合、当然ですが売上高の目標を立てるはずです。その際にまず計算すべきなのが、損益分岐点売上高です。

　店舗の経営を考える時に、まず家賃や人件費、水道光熱費などの経費をおおむね計算できると思います。このような、売上の増減にかかわらず、一定期間ほぼ一定でかかる費用を「固定費」といいます。一方で、売上の増減に伴って増減する仕入原価、販売手数料などの費用を「変動費」といいます。

　このように費用を固定費と変動費に仕分けることを「固変分解」といいます。小売業では売上原価＝「変動費」となります（そうなるように会計処理をあわせます）。売上から「変動費」を引いた額を限界利益といいます。「限界」とは、売上が追加的に1円増えるごとに獲得できる利益という意味です。売上がゼロでも固定費はかかるので、少なくとも固定費をまかなえるだけの売上を出さないと経営が成り立たないことになります。固定費をまかなうために必要な売上高が損益分岐点売上高です。

　具体的な計算例を示しましょう。固定費が毎月100万円かかる店舗があるとします。このお店が取り扱う商品の平均的な仕入原価は80万円だとします。変動費率は80万円÷100万円＝0.8となります。Aを、固定費をまかなうために必要な売上高（損益分岐点売上高）とすると、

　　100万円＝A×（1－0.8）

が成立します。この方程式を解くと、A＝100÷0.2＝500万円が毎月最低必要となる売上高ということになります。

　もし、もっと粗利益率の悪い、売上原価が90万円の商品を扱う場合、どうなるかというと、100万円＝B×（1－0.9）の等式を成立させるBが損益分

岐点となり、B＝100÷0.1＝1,000万円が毎月最低必要となる売上高となります。

3つの指標を強く意識しながら経営

　上記ケースだと、仕入原価率が80％から90％に悪化した場合、最低必要となる売上は2倍になってしまうのです。店舗の立地や広さ、販売員の人数から、その売上をあげることが可能なのかどうか。実際にコロナ禍では、原材料費や人件費が高騰し、利益が減少するなかで、本来ならば売上を増大させなくてはいけないところ、行動制限で集客も激減してしまい、深刻な業績悪化に直面した小売店がほとんどだったのではないでしょうか。

　今後、小売店の開業時には、固定費を低く抑えること（調整ができるようにしておくこと）、そして、できる限り利益率が高く、原価率の変動が少ない（安定した収益が見込める）商品を選択することが必要です。そして、状況をみながら商品構成や販売方法を変えていく工夫をしていく経営が求められます。

　何より、他者より安く、数多く販売するというモデルは避けなくてはいけません。これがニューノーマルの小売業の生き残り方となります。少ない来店客でも購買率が高ければ、店構えは小さめ、品揃えも少なめですむでしょうし、ここにしかない価格競争に巻き込まれにくい商品であれば、利益率もキープできるでしょう。そのためには、上記3つの指標を意識した経営が重要となります。

財務コンサルティング事例

　この3つの計数管理を利用した財務コンサルティングの事例を紹介しましょう。3店舗を展開する中古自動車販売のT社とは、同社創業以来のお付き合いです。T社は現在12期目の業歴ですが、創業からずっと増収増益を続けており、コロナ禍でも問題なく好業績を維持しました。私の顧問先のなか

でも優良といえる会社です。

　財務コンサルティングの視点で中古自動車販売業の売上ロジックツリーを考えた場合、売上の構成は、

　　（①車体価格＋②カーナビなど付属品＋③手数料＋④クレジット会社からの手数料＋⑤保険募集手数料＋⑥その他）×台数

と細分化できます。

　じつは自動車販売業は車体を販売して利益を出しているだけではありません。むしろ車体販売は他社との競争も激しく、あまり儲からないというのが実情です。

　中古車を含む自動車販売業界では、クレジット会社からの手数料（ローンキックバックといわれています）が大きな収益源となっている場合が多いのです。クレジットローンは長めにすればするほどローンキックバックが増えるので、あえて車体価格を他店より低くして集客し、長めのクレジットローンを顧客に利用させることで、収益性を高める戦略をとる自動車販売業者がじつは多いのです。

　ほかにもカーコーティングをセットにして⑥のその他で利益を出そうという戦略もあります。最近問題となった、大手中古車販売店が保険会社と連携して過大な保険修理の売上をあげていたという事例も、この売上ロジックツリーのなかで車体販売より⑥その他（事故車の修理費用）収益を最大化しようとした結果、生じたものと考えられます。

　さて、財務コンサルティングでは上記の売上構成要素を店舗ごとに管理できる会計処理を行います。Ｔ社では担当者ごとに管理できるようになっており、Ｔ社の経営者は売上構成要素、売上高総利益率、損益分岐点売上高という前述の３つの計数管理を定期的に行っています。

　それとは別に、この経営者は営業担当者ごとに「購買に至った数÷接客数」（成約率）の数値を管理しています。営業担当ごとに成約率は異なるようで、好成績の営業担当者ほど成約率が高い＝顧客を逃さないノウハウや話法をもっていることが数値でわかるので、そのノウハウを他の社員にも共有させながら、成約率を営業担当者の目標にしています。成約率は限られた売

り場面積で売上を最大化するための計数です。

　好業績を維持する会社の特徴は、営業目標を立てるときに具体的に何を目標とすべきかを数値で明確に設定していることです。さらに、外部の環境、顧客の消費動向に応じて柔軟にその目標数値を変えていきます。

　T社は設立当初、販売価格30万〜50万円の低価格帯の中古車をメインに販売していました。年式も古いものが多く、安く仕入れて安く販売するモデルですが、車体だけでもそこそこの粗利益がとれるため、とにかく台数をたくさん売ればよいという経営戦略で売上と利益を伸ばしました。

　しかし、コロナ禍前から中古車オークション市場の活性化や新車の品薄状態から、中古車相場も高騰し始めていました。そうなると、なかなか①の車体だけでは収益をあげるのが厳しくなってきました。となると②〜⑥の売上で収益を代替したいのですが、格安車を主体に販売していると、カーナビや保険では、大きな収益につながらないという課題がありました。

　そこで、経営者は取り扱う車体の平均単価の引上げを試みました。そうすると、その他の収益も比例して増加することが確認できました。

　もちろん車体価格が上がると売上原価は上がります。50万円の車体の売上原価が70％の場合、売上高総利益率は30％ですので、売上高総利益は15万円です。一方で、100万円の車体の売上原価が85％とすると、売上高総利益率は15％となり、売上高総利益は15万円です。1台当りの粗利益率は30％から15％に悪化しましたが、車体の利益額は同じです。

　そこに、②〜⑥の付随収益が獲得できるため、結果として車体価格の引上げは業績向上につながりました。その後2店舗目、3店舗目と出店していくのですが、それぞれの店舗に応じて売上高構成、収益構造をアレンジしています。上記①〜⑥の売上構成要素のベストバランスを探りながら、常に営業戦略の見直しをしています。

　計数管理は、営業目標の設定時に何を重視すべきなのかを判断する根拠として利用しています。今期の目標は販売台数に置くのか、販売単価に置くのか、売上高総利益率を重視するのか、利益額を重視するのか、またはローンや保険取扱件数におくのか。会社を取り巻く環境をにらみ、経営戦略を見直

す判断材料となっています。

Q 2-6　財務コンサルティングの実践（製造業）

....

製造業の財務コンサルティングの特徴は何ですか。どのような視点で
アドバイスをするのが有効ですか

A　製造業は、日本全体のGDP（国内総生産）の2割程度を占める業種です。2021年における製造業のGDPは約113兆円であり、日本全体の
GDPの20.6％でした。製造業は、自動車メーカーを筆頭にして日本経済を
支える存在であるといえるでしょう。

　製造業は、生産設備への投資とその運用によって生産性向上を図ることが
中心的な企業活動になります。生産設備の更新や試作品開発、製造工場の建
設など資金調達ニーズが比較的大きな業種です。また、原材料を仕入れ、加
工等を行い、製品化し、発送するまで間の立替資金、つまり、運転資金も必
要になります。

　金融機関からみた場合、製造業は資金使途がわかりやすく、投資効果を数
値化しやすいため、融資がしやすい業種であるといえます。財務コンサルタ
ントとしては、設備投資にあたり、投資効果が実際にどの程度見込めるかの
検証や、ものづくり補助金など補助制度の活用について助言し、営業キャッ
シュフローの最大化を目指しましょう。

 ## 機械のために働いている？

　私のある顧問先の製造業の経営者がいった「機械のために働いているよう
なものだ」という言葉が耳に残っています。中小の製造業者にとって、機械
設備の投資負担は決して軽いものではありません。しかも、建物などと違っ
て生産設備の耐用年数は思いのほか短く、機械設備が10年を超えて高い生産
性を維持することはほとんどありません。7年もすると老朽化が進み、修繕
費、保守費用も増加し、さらに生産性が低下していく。そして、ある時期に

は設備更新を強いられる。この繰り返しで、ようやく機械代金の元をとったと思ったら、新規設備への投資が必要となる。これでは何のためにものづくりをしているかわからないというわけです。

　設備投資を行う際に、新規設備がどの程度収益力向上に貢献するのかを経営者とともにシミュレーションしてみるのが、とても重要な財務コンサルティングの機能です。

　時折、古くなった機械設備と同等の中古機械を探して生産性を維持しようとする企業を見かけます。その際には補助金を活用した最新設備の導入を促します。「既存の製品とは違う、もう少し高度なものづくりを目指して、最新の機械設備を入れてみませんか」という提案をするのです。

　同じ製品を5年以上もつくっている場合、その商品の市場価値は低くなっているのではないでしょうか。製造業の経営者の心理は、「現有設備ではこれしかつくれないし、目の前の確かな受注先もある。簡単に他商品を手がける余裕はない」というものでしょう。そこで、「補助金を使って新しい製品にチャレンジしてみませんか」と声をかけるのです。

　「補助金は、ほしい機械設備の購入費用の一部を補てんするためにある」と考えている経営者が多くいますが、実際にはそうではなくて、主要な補助金は、中小企業者が新たな事業展開に踏み出すときにそのリスクを低減するためにあるのです。これまでつくっていた物をつくり続けるとか、すでに獲得している技術で新たな製品を手がけるという目的の設備投資では、なかなか補助金の採択がされないのが実情です。

製品のライフサイクル

　製品にも誕生してからの消滅するまでのプロセスがあるという考え方があります。これを製品ライフサイクルといい、「導入期」「成長期」「成熟期」「飽和期」「衰退期」の5つの段階からなります。

① 　導入期……導入期の製品事例として、「自動運転自動車」をあげることができるでしょう。自動運転自動車は、市場成長が期待はされているもの

の、まだ消費者市場に行きついていない状況です。現時点では開発コスト
が先行し、資金調達は、融資より、出資で行うことが現実的となります。

② 成長期……市場が拡大し、売上の安定が見込め、製造コストは下がって
収益性の高い時期です。肝心なのは、成長が持続すると、ここがチャンス
とにらんで市場参入者が増え、競争環境が激しくなることです。そこで、
製造業者としては、生産性向上と製造コストを下げることに注力せざるを
えなくなります。成長期に入った瞬間からより厳しい収益環境となること
を覚悟し、同じ物を同じ機械でつくり続けるしかないという発想から脱却
する必要があります。それがライフサイクルです。

③ 成熟期……成長期に比べて需要は減少していくので、さまざまなマーケ
ティング手法を駆使しても、積極的な営業スタイルを用いても、なかなか
思ったような売上につながらないのが成熟期の特徴です。成熟した市場の
なかで差別化がむずかしくなり、各社が顧客を取り合っているような状況
が増えてきます。独自性、ブランディングなど製品価値以外の特色を見出
す工夫で生き残りを図るステージです。

④ 飽和期……成熟期の終わりが、飽和期と呼ばれています。競合他社も製
品の性能や価格面で先発メーカーに追いつきます。その結果、市場には選
択肢があふれ、売上の増加は止まり、収益性を高めることがほぼ限界とな
ります。

⑤ 衰退期……売上が減少し、利益も低下してくる段階で、製品が市場から
消えていく時期です。この時期には、市場からの撤退も視野に入れた戦略
が必要とされます。

中小の製造業者の多くは大手の製品、部品メーカーの下請けを担っていま
す。私の住む愛知県では、トヨタ自動車を中心とした自動車産業のものづく
りのサプライチェーンのなかで多くの中小製造業者が経営を続けてきていま
す。しかし、ガソリンエンジン中心の自動車からハイブリッド車、そして、
EV自動車という構造変化のなかで、製造する部品点数は大幅に減少してい
ます。

自社が携わっている産業自体がどのライフサイクル上のステージにあり、

そのステージで自社としてどのような取組みが必要となるのか、その判断を客観的に助言できるようになりたいものです。

　特に製品が成熟期から衰退期にあると判断できる場合、その製品からの撤退も視野に入れるにせよ、市場からただ撤退するのではなく、受注先メーカーの戦略をよく調査し、ものづくりの技術向上にチャレンジし、代替製品を投入する受注先に追随していくことも視野に入れるべきでしょう。その際には次のような国の補助制度の活用も検討すべきです（2023年12月現在）。

・これまでつくったことのない製品をつくる試み⇒ものづくり補助金
・衰退する産業から成長する産業への事業転換を図る試み⇒事業再構築補助金

製造業の計数管理のポイント

(1)　製造原価

　製造原価は、材料費、労務費、製造経費の3つの要素に分類されます。製造原価を3つに分類し管理することで、生産性を向上させるためにはどこを改善すべきかが明確になります。

　たとえば、売上に対する材料費の比率が上昇した場合、材料費高騰分を価格転嫁できていないのか、あるいはなんらかの理由で生産現場の歩留まりが低下して材料のロスが発生しているのか、または、そもそも材料在庫の把握がずさんなのかもしれません。価格交渉ができていない営業担当サイドの問題なのか、機械の故障が原因なのか、在庫管理担当者の問題なのか、具体的な原因を追究していくことができます。

　在庫管理ができていないと、原材料を過剰発注してしまい、期間損益にばらつきが出て正常な収益力が把握できず、金融機関が融資判断に困り、資金繰りにも悪い影響が生じる場合もあります。また、労務費が増大している場合は、どこかの製造工程において経験値の低い人員が作業したなどの属人的な要因なのか、工程に想定と異なる負荷が発生し作業時間が増加しているの

か等の検証をしていくことが必要となります。

　製造原価の各比率や数値の推移が正確に把握できれば、原価の抑制、削減につながり、利益の向上に直接結びつきます。この検証作業を毎月実施することで、実態が見える化され、それを提供する財務コンサルティングへの信頼が高まります。販売管理費の経費項目に本来は売上原価とすべき項目が計上されており、製造原価が正しく計算できず、適正なコスト管理ができていないケースも見受けられます。会計上の計上ルールも時々チェックすべきです。

(2)　歩留まり

　歩留まりとは、生産ラインに投入した材料の数量に対して、実際に製品に利用された数量の割合を示す指標です。製品10個分の材料をラインに投入して、実際に使用された数量が9個分であれば、歩留まりは90％になります。この場合、10％分は再利用（販売）できるのか、そのまま廃棄になるのかによって材料費率が変わってきます。

　また、老朽化した設備を最新の設備に切り替えたときには、製品の付加価値や生産量の増加が投資効果の指標となりますが、この歩留まりが仮に数パーセント改善するだけで大きなコスト削減効果を生み出すので、コスト改善のための目標指標としてもおおいに活用できます。特に製品の製造工程のなかで材料を用いる比率が大きな業種（例：プラスチック成型や金属加工製品）では、この歩留まりを重要視して把握管理する必要があります。

(3)　不　良　率

　不良率とは、検品検査で不適合となり最終的に販売できなかった製品の割合を示す指標です。不良率の変動要因は、単純なケアレスミス、工具の技術力不足、機械のメンテナンス不足、機械のトラブル、材料の特性等々、多岐にわたるので、広い視野で原因追及をできる目利き力が求められます。不良率が高い場合、生産管理体制に問題がある可能性があるため、二次クレームを引き起こすリスクが高く、重大事故につながる可能性もあるので、重要視

したい指標でもあります。

⑷　欠陥率・クレーム率

欠陥率・クレーム率とは、販売後に商品の欠陥が見つかった率、あるいは、商品クレームの発生率のことです。欠陥率・クレーム率の高低は企業間取引に係る重要な指標です。大手食品メーカーでも、たった１件の欠陥やクレームが原因で大きな風評被害につながり、企業への信頼が失墜することがありえます。取引停止はもちろん、損害賠償のリスクまではらむ重要な経営管理指標です。

財務コンサルティングの実践（介護事業）

介護事業における財務コンサルティングの特徴は何ですか。どのような視点でアドバイスをするのが有効ですか

A 　一口に介護事業といっても、「老健」と呼ばれる医療施設から訪問看護、最近では終末医療機能を備えたナーシングホームまで多岐にわたります。他業種からの参入者も多く、競争が激しくなっているなかで、介護報酬の引下げや人件費の高騰など経営環境は厳しさを増しており、M&Aのニーズが増加している業界でもあります。財務コンサルティングにおいては、それぞれの施設の事業内容、事業性、財務面の特徴を理解したうえで、資金調達や財務視点でのアドバイスを行うことが必要です。

 ## 介護事業は何の業種に分類される？

　日本標準産業分類において、介護事業は施設の目的の違いに応じて分類されています。介護施設の大分類は「医療・福祉」で、中分類は「社会保険・社会福祉・介護事業」、小分類は「老人福祉、介護事業」「障害者福祉事業」「その他の社会保険・社会福祉・介護事業」に区分されています。また、施設の機能に応じて通所型事業と住居型事業に分類できます。

 ## 施設別の事業内容と事業性および財務面の特徴を理解しよう

⑴　介護老人保健施設

〈事業内容〉

　医療法人や社会福祉法人などが運営する公的な施設。「老健」とも呼ば

れ、比較的少ない費用負担で医療管理下での看護や介護、回復期のリハビリが受けられます。入所の要件は、要介護度１以上の65歳以上の高齢者となっていますが、40歳以上64歳以下でも特定疾病により要介護認定を受けている人は入居可能です。逆に、基準を満たしていても入所できないケースもあります。そのほか、「病状が安定している」「入院治療の必要がない」場合には入所できません。あくまでも在宅復帰を目的とした施設であり、提供されるサービスは自宅などに戻るためのリハビリが中心です。そのため、特別養護老人ホームのように終身制ではなく、入所期間である３ヵ月ごとに退所あるいは入所継続の判定が行われます。

〈事業性〉

　介護報酬が売上高の大半を占めるので、資金回収は安心できます。しかし、３年ごとの報酬改定で報酬の水準が変動するので、政策に左右されるリスクがあります。

〈資金需要〉

　運転資金のニーズは低く、施設の建設資金のニーズが大半を占めます。しかし、自治体の補助金や福祉医療機構（WAM）による有利な融資制度があり、資金調達は比較的しやすい事業体です。

〈財務コンサルティングのポイント〉

　特別養護老人ホーム等に比べると、入居期間が終身ではなく、リハビリ支援が手厚いため、医療機関や在宅施設サービスとの相性がよく、M&Aニーズの高い業態となっています。一方で、事業譲渡では行政の新たな許認可が必要になることや補助金の返還を求められる可能性があるため、M&Aの実行前には行政への確認が必要になります。

　また、介護報酬引下げによる売上低下が見込まれる場合には、当初の設備資金の返済原資に見合ったキャッシュフローが確保できているかを確認し、確保できていない場合は返済期間の見直しなどを早めに提案することが必要です。

(2) 介護老人福祉施設（特別養護老人ホーム）

〈事業内容〉

社会福祉法人や地方自治体などにより運営される公的な介護施設で、「特養」とも呼ばれます。「特別養護老人ホーム（特養）」と「老人保健施設（老健）」の最も大きな違いは利用期間です。特養は、寝たきり状態など重度の介護を必要とする要介護者が、少ない費用負担で長期入所できる施設です。また、特養に入所できるのは「要介護3〜5」の認定を受けた高齢者です。常に介護を必要とする、在宅生活が困難な方が対象となります（図表2−7−1）。

特養はこれまで4人部屋が主流だったのですが、ユニット型と呼ばれる全室個室型の施設が増えてきました。新型特養とも呼ばれ、個室化により従来型ではむずかしかった入居者のプライバシーの保護が可能になりました。これまでの多人数利用のタイプの居室を従来型と呼びます。

〈事業性〉

介護報酬が売上高の大半を占めるので、資金回収は安心できます。しかし、特養は4割が赤字経営です（図表2−7−2）。福祉医療機構（WAM）の調査によれば、従来型、ユニット型とも利用者の単価は上昇していますが、競合施設の増加により入居率が低下し、人件費率や水道光熱費などの高騰で経費率が上昇した結果、赤字経営に陥った施設が増加しています。一方、居室率を維持し、利用者単価が高くなっている施設は黒字経営を確保できているようです。

図表2−7−1　特養と老健の比較

	特別養護老人ホーム（特養）	老人保健施設（老健）
利用期間	長期	短期（3ヵ月〜1年）
目的	介護・日常生活の世話	自立・在宅復帰
介護度	要介護3〜5	要介護1〜5

（出所）　筆者作成

図表２－７－２　特別養護老人ホームの赤字施設割合の推移

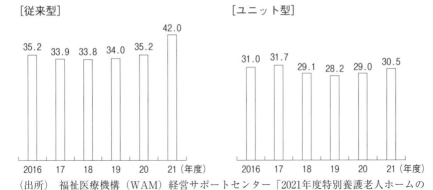

［従来型］

35.2　33.9　33.8　34.0　35.2　42.0

2016　17　18　19　20　21（年度）

［ユニット型］

31.0　31.7　29.1　28.2　29.0　30.5

2016　17　18　19　20　21（年度）

（出所）　福祉医療機構（WAM）経営サポートセンター「2021年度特別養護老人ホームの経営状況について（2023年３月24日）」

〈資金需要〉

　「老健」と同様、運転資金のニーズは低く、施設の建設資金のニーズが大半を占めます。

〈財務コンサルティングのポイント〉

　高齢者人口が減少に転じる地域も出てきているなかで、今後、利益確保が必須の経営課題となります。そのためには居室利用率、利用者単価、利用者当りの職員数を計数管理し、適正な水準に維持向上させることが求められます。

⑶　通所リハビリテーション（デイケア）

〈事業内容〉

　利用者が可能な限り自宅で自立した日常生活を送ることができるよう、食事や入浴などの日常生活上の支援や、生活機能向上のための機能訓練、口腔機能向上サービスなどを日帰りで提供する施設です。

〈事業性〉

　介護報酬が売上高の大半を占めるので、資金回収は安心できます。しかし、３年ごとの報酬改定で報酬の水準が変動するので、政策に左右されるリスクがあります。病院や介護老人保健施設と併設されるケースが多いといえ

ます。

〈資金需要〉

　介護報酬入金まで約1.5ヵ月の収支ズレが発生するため、運転資金調達のニーズがあります。介護報酬の体系から、病院（医療法人）によるデイケア事業所の開設資金需要の増加が見込まれます。

〈財務コンサルティングのポイント〉

　病院や介護老人保健施設と併設されるケースが多いため、他施設とあわせた一体的事業として全体の財務諸表を把握し、計数管理するニーズがあります。単独事業としてみた場合、利用者数と職員数は重要な管理指標となります。リハビリスタッフ、介護職員などの人数と利用者数を黒字事業者平均値と比較することも重要です。収益力が低迷している介護老人保健施設では通所リハビリテーションの収益貢献度が相対的に大きくなるため、開設時に見込利用者数とスタッフ数に業界平均値との大きな相違がないかのチェックを要します。

⑷　通所介護（デイケアサービス）

〈事業内容〉

　利用者が可能な限り自宅で自立した日常生活を送ることができるよう、自宅にこもりきりの利用者の孤立感の解消や心身機能の維持、家族の介護の負担軽減などを目的として実施します。利用者が通所介護の施設（デイサービスセンターなど）に通い、施設では、食事や入浴などの日常生活上の支援や、生活機能向上のための機能訓練、口腔機能向上サービスなどを日帰りで提供します。生活機能向上グループ活動など高齢者同士の交流もあります。利用者の自宅から施設までの送迎も行います。

〈事業性〉

　介護報酬が売上高の大半を占めるので、資金回収は安心できます。しかし、3年ごとの報酬改定で報酬の水準が変動するので、政策に左右されるリスクがあります。提供するサービスによって単価や加算項目が設定されており、介護度によって月当りの上限額設定があるため、どのような介護度の利

用者を獲得できるかが収益に大きく影響します。

〈資金需要〉

　介護報酬入金まで約1.5ヵ月の収支ズレが発生するため、運転資金調達のニーズがあります。高齢者住宅に連動した施設建設ニーズが高いといえます。

〈財務コンサルティングのポイント〉

　施設の建設資金を返済できるかどうかは、介護事業の収益性の判断が重要となります。対象地域の高齢者や要支援・要介護認定者の数、競合する介護事業所を把握したうえで事業計画策定を行う必要があります。

⑸　ナーシングホーム

〈事業内容〉

　ナーシングホームとは、介護サービスだけでなく医療的な処置やリハビリ、看取りなどを行う老人ホームのことです。脳血管疾患の後遺症や重度の障害により自宅で暮らすことが困難など、医療的なサポートの必要な方がおもな入居者となります。点滴や酸素吸入などの延命治療はターミナルケア（終末期医療（看護））と呼ばれ、医療的なケアが中心になります。ナーシングホームの明確な定義はありませんが、医療体制の整った民間運営の「有料老人ホーム」に該当します。

〈事業性〉

　ナーシングホームを運営する場合、社会福祉法人や医療法人などの特別な法人格である必要はなく、民間の事業者であっても参入が可能です。しかし、在宅療養支援診療所の協力が必須なだけでなく、24時間の看護体制をとる場合、それに必要な人数の看護師を採用しなければなりません。必要な設備や人員体制、連携する事業所を確保する必要があります。

　ただ、ナーシングホームは介護施設のなかでも収益性が高いといわれています。なぜなら、通常の有料老人ホームの場合、訪問看護で介護保険を収益源としますが、ナーシングホームは医療保険給付も収益に算入できるからです。たとえば、介護保険には要介護度の区分に応じた支給限度額があります

が、ナーシングホームの場合は医療保険による訪問看護サービスが付加されます。介護保険と違い、医療保険には要介護度に応じた支給限度額がありません。

〈資金需要〉

　ナーシングホームの事業性から、①看護師が24時間常駐している、②24時間365日の見守り体制がある、③バリアフリー構造、④全室個室などが提供できる体制整備（人件費と設備投資）の負担があります。入居者が一定数に到達するまでは経費支払が先行し、赤字の状況が続きます。資金繰り予測とそれを見越した運転資金調達が重要です。

〈財務コンサルティングのポイント〉

　今後は介護従事者および看護師の人件費が上昇することが考えられます。また、ナーシングホームの収益性と算入障壁の低さから競合他社の増加も避けられないでしょう。そのため、今後は差別化戦略の構築と、従事者の待遇充実が重要な経営戦略となります。人件費や求人広告費の予算設定、処遇改善費用の数値化をサポートする業務がより求められます。

(6)　グループホーム（認知症対応型）

〈事業内容〉

　グループホームとは、認知症（痴呆症）の症状をもち、病気や障害で生活に困難を抱えた高齢者が、専門スタッフの援助を受けながら1ユニット（5〜9人）で共同生活する介護福祉施設です。「認知症対応型老人共同生活介護」と呼ばれ、家庭に近い環境で、入居者の能力に応じてそれぞれが料理や掃除などの役割をもちながら、自立した生活を目指す施設です。

　また、これとは別に障害のある方が利用するグループホームで、2012年度に制定された「障害者総合支援法」に基づく共同生活援助サービスを提供する施設もあります。障害支援区分にかかわらず利用が可能で、おもに夜間における食事や入浴等の介護や相談等の日常生活上の援助を提供します。

〈事業性〉

　グループホーム（認知症対応型）の事業所数は年々増加傾向にあります。

2017年には8,776件でしたが、2018年は１万3,499件、2021年には１万3,960件と、14年で1.6倍程度になりました。また、グループホームの赤字施設割合は2020年が35.5％、2021年が36.0％となっています（WAM調べ）。

〈資金需要〉

グループホーム設立には数百万〜1,000万円ほどかかるといわれています。国・自治体の補助金や助成金を活用できる場合も多く、不足分は自己資金と日本政策金融公庫や民間金融機関の融資で調達するケースが多いようです。

〈財務コンサルティングのポイント〉

開業にかかる設備投資負担は比較的少なくすみますが、離職率が高い事業体なので、人件費予算を検討し、競合が増加するなかで、安定した利用者確保のための営業関連予算を設定するなどの予算管理が必要です。

⑺　有料老人ホーム

〈事業内容〉

有料老人ホームには「介護付き」「住宅型」「健康型」の３種類があります。それぞれ利用目的が異なりますが、ここでは介護付き有料老人ホームについて説明します。「介護付き」と名乗ることができるのは、都道府県により「特定施設入居者生活介護」の指定を受けた施設だけです。

介護付き有料老人ホームには、要介護者を受け入れる「介護専用型」と、自立した生活ができる人が対象の「自立型」、要支援・要介護者も受け入れる「混合型」があります。また、介護サービスの提供方法には、施設に所属する職員が直接介護を行う「一般型」と、外部の介護サービス事業者を使う「外部サービス利用型」があります。

介護付き有料老人ホームの特徴は、受け入れる高齢者の要介護度の幅と提供するサービスの幅がきわめて広く、施設によって異なることです。介護付き有料老人ホームの財務コンサルティングでは、施設側のサービス内容と特徴をきちんと理解する必要があります。

〈事業性〉

　有料老人ホームの収入源は、入居一時金と月額利用料（家賃、管理費、食費など）が基本となります。入居一時金は０円から数千万円など金額設定に大きな幅があります。介護付き有料老人ホームでは、介護報酬を収入として加算できます。

〈資金需要〉

　介護付き有料老人ホームは、定められた設備要件を満たす建物が必要となるため、新たに施設を建設するケースがほとんどです。土地については賃借し、運営者が建物を自己所有するケースや、建物まで地主が建築し、「建て貸し」という形式で運営者と長期の賃貸契約を結ぶケースが見受けられます。建築材料費や建築費は高騰しており、設備投資にあたっては精緻に事業収支を予測するとともに、資金調達においても余裕をもった返済期間を設定するなどの検討が必要です。

〈財務コンサルティングのポイント〉

　入居率の向上と人件費率の抑制がうまくいけば、収益性の高い安定した事業となります。市場成長が見込める業種なので、金融機関も積極的に融資をしてくれます。そうなると、経営者は次々と施設の増設を進めたい心境になります。

　ただ、いくら業績が好調といっても納税負担がありますし、施設の環境によっては入居率を高めるのに時間を要するかもしれません。既存施設のキャッシュフローに十分な余裕があり、新規施設建設のための借入の返済が厳しくなっても、補てんできる状況であることを確認してから新設を実行すべきです。そのためには、新規投資前で債務償還年数７年未満を最低クリアすべきキャッシュフローの余裕度の基準としたいところです。

(8)　サービス付き高齢者向け住宅

〈事業内容〉

　サービス付き高齢者向け住宅は、「サ高住」「サ付き」とも呼ばれ、おもに要介護度が高くない高齢者を対象にしたバリアフリー住宅です。一般の住宅

と変わらないような自由度の高い生活ができます。サ高住には制度上、「安否確認・見守りサービス」と「生活相談サービス」の提供が義務づけられています。

〈事業性〉

　基本的に住宅単体で、介護サービスがついていません。要介護状態となったときは、訪問介護や通所介護などの外部の介護サービス事業者と個人として契約を結び、介護サービスを利用します。介護事業所を同一建物・同一敷地内に併設しているケースや、介護事業者が運営するサ高住も多くあります。

〈資金需要〉

　一般的にサ高住施設は延床面積が600坪程度、土地については300〜500坪程度が必要とされています。施設建設にあたっては大規模な資金調達が必要となります。

　サ高住は国土交通省の「高齢者等居住安定化推進事業」の対象となっており、サ高住を新築する場合、建築費の最大10分の1の補助金を受けることができます。この補助金制度以外にも固定資産税や不動産取得税に関して税制優遇を受けることが可能です。また、日本政策金融公庫ではサ高住専用の「サービス付き高齢者向け賃貸住宅建設融資」を提供しています。

〈財務コンサルティングのポイント〉

　経営主体が介護事業者であれば、介護サービスの収益を見込めますが、サ高住単体のキャッシュフローを保守的に予測し、返済負担に懸念はないか（債務償還年数水準はどうか）を事前に精査する必要があります。

(9)　訪問介護サービス

〈事業内容〉

　訪問介護は、利用者が可能な限り自宅で自立した日常生活を送ることができるよう、訪問介護員（ホームヘルパー）が利用者の自宅を訪問し、食事・排泄・入浴などの介護（身体介護）や、掃除・洗濯・買い物・調理などの生活支援（生活援助）を行います。通院などを目的とした乗車・移送・降車の

介助サービスを提供する事業所もあります。

〈事業性〉

　訪問介護サービスの収益モデルは、提供したサービス内容に基づき、介護保険制度で定められた介護報酬を受け取るものです。利用者数およびサービス内容が増えれば増えるほど多くの介護報酬を受け取ることができます。基本的に、9割は国費（介護給付負担）、1割は利用者の自己負担によりまかなわれます。訪問介護サービスは介護施設を経営していなくても行えるため、施設型介護事業と比べて始めやすい事業体です。

〈資金需要〉

　訪問介護サービスは利用者の家でサービスを提供するため、事務所が必要なくらいで、それほど多額の資金は必要ありませんが、事務所の改装、車両の導入、人件費、求人募集費などの資金需要があります。

〈財務コンサルティングのポイント〉

　介護保険サービスは、サービス内容が介護保険制度の枠内のものに限定されています。介護保険で提供できない部分は保険外サービスとなり、趣味のための外出介助やペットの散歩などがこれに該当します。これらのサービスを求める利用者は自己負担となりますが、ニーズは存在します。2018年9月、厚生労働省から「介護保険サービスと保険外サービスを組み合わせて提供する場合の取扱いについて」が公表され、はじめて体系的な混合介護の統一ルールが提示されました。この規制緩和をどのように収益増加につなげていくのかが注目されています。

Q 2-8 財務コンサルティングの実践（不動産業）

不動産業における財務コンサルティングの特徴は何ですか。どのような視点でアドバイスをするのが有効ですか

A 不動産業のなかには、不動産の「売買」「仲介」「賃貸」などさまざまな取引を担う専門業者が存在します。特に不動産の「売買」を行う事業者は、土地の仕入、物件の建築などにおいて金融機関からの融資を円滑に受けられないと成り立たないビジネスモデルとなっているケースが多く、融資を受けるためには自社の財務内容を良好に保つ必要があります。また、相続税対策や土地の有効活用、副収入を得ようという名目で不動産投資を勧める不動産業者や金融機関も多く存在します。財務コンサルタントしては、クライアントの不動産投資の際に精緻なシミュレーションを提供し、失敗しないようにサポートすることが重要です。

不動産業は4つに分類される

日本標準産業分類の大分類に「不動産業」があります。主として不動産の売買、交換、賃貸、管理または不動産の売買、貸借、交換の代理もしくは仲介を行う事業所がここに分類されると記されています。不動産業の業務内容を大きく分けると下記のとおりです。

① 不動産売買……宅地建物取引業

② 不動産仲介……宅地建物取引業

③ 不動産管理

④ 不動産賃貸

「宅地建物取引業（宅建業）」という呼び名の業種は、「宅地建物取引業法」という法律に基づいて業務を行う不動産業の一種です。宅建業を営むには、国土交通大臣または都道府県知事から免許を交付される必要があります。同

法に違反すると指示・業務停止・免許取消し等の処分を受けることになります。

　宅地建物取引業は、同法により次の業務を行うものとされます。

・宅地・建物の売買または交換

・宅地・建物の売買、交換または賃借の代理・媒介

 ## 不動産売買事業

(1)　事業内容

　不動産売買事業とは、販売差益が見込める不動産の仕入買取りを行い、そのまま転売またはリフォームなどで付加価値をつけて販売を行う事業です。土地のみ、新築、中古物件等、どんな物件も売買対象となります。

　私の顧問先の不動産売買事業者が電車の線路すぐ前の15坪の古民家付きの土地を売買用に購入しました。場所が場所だけに格安の金額で仕入れました。「こんな場所買う人いるの？」と経営者に尋ねたところ、経営者は「値段のつかない不動産はない！　こんなところでも値段次第で売れるんです……」と語ってくれました。その後、古民家を取り壊し販売したところ、すぐに買い手がつき、それなりの利益をあげて販売できました。

(2)　事 業 性

〈住宅はマンションの一人勝ち！〉

　さて、不動産売買事業者にとって重要なのが不動産の市況です。図表２－８－１は不動産価格指数の推移です。不動産価格指数とは、2010年平均を100として不動産価格の変動を表した数値です。2023年６月に公表された不動産価格指数をみると、10年ほど前からマンションの価格が急上昇しています（④の線）。

　一方で、住宅地（②の線）、戸建住宅（③の線）はそれほど大きな上昇はみられません。まさにマンションの一人勝ちの状況が続いています。値上り益

図表2-8-1　不動産価格指数（住宅）の推移

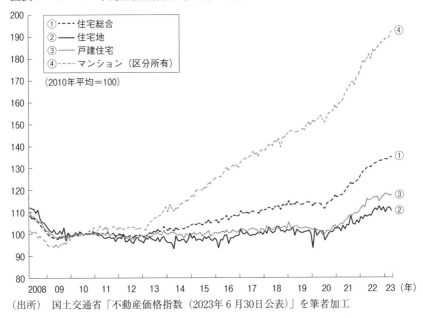

① ---- 住宅総合
② ── 住宅地
③ ── 戸建住宅
④ ---- マンション（区分所有）

（2010年平均＝100）

（出所）　国土交通省「不動産価格指数（2023年6月30日公表）」を筆者加工

が期待できるのは土地よりもマンションであり、立地条件の良いマンション
は投資用不動産として売買される状況となっています。それが価格上昇につ
ながっているおもな要因といえるでしょう。

〈住宅以外の不動産価格は二極化が進む〉

　図表2-8-2は、住宅以外の商業用不動産価格指数の推移です。2008～
2010年のリーマンショック後をみると、店舗（①の線）、オフィス（②の線）、
マンションアパート1棟（⑤の線）が140～150％の上昇をしていますが、そ
れ以外の倉庫（③の線）、工場（④の線）、商業地（⑥の線）、工業地（⑦の線）
はリーマンショック前にようやく戻ったという水準です。まさに二極化した
折れ線グラフとなっています。

　この違いは、不動産として賃料収入を生み出すかどうかという視点でみる
とわかりやすいと思います。なんらかの賃料が発生し、投資利回りが算定し
やすい不動産は投資対象としての需要が高まり、価格も上昇しているわけで

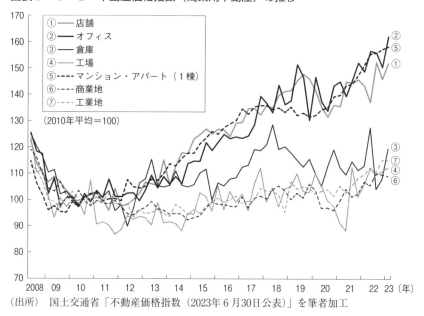

図表2－8－2　不動産価格指数（商業用不動産）の推移

凡例：
① 店舗
② オフィス
③ 倉庫
④ 工場
⑤ マンション・アパート（1棟）
⑥ 商業地
⑦ 工業地

（2010年平均＝100）

（出所）　国土交通省「不動産価格指数（2023年6月30日公表）」を筆者加工

す。

　不思議に思うのは、コロナ禍に見舞われた2020年以降も店舗やオフィスの価格上昇が続いていることです。本来ならば、コロナ禍の影響を受けて収益性が低下した店舗やオフィスの需要が低下し、不動産価格も下降するはずと思われるのですが、コロナ禍のなかでも着実に右肩上がりのトレンドとなっています。コロナ禍の影響はあっても、それを上回る投資需要があったことになります。

　これは、日本の低金利政策が依然として続いており、そこにコロナ禍で行われた世界的な金融緩和でカネ余りとなり、さらに為替の大幅な円安が進んだことから、海外から不動産投資資金が流入していることも大きな要因となっています。

〈金融機関は不動産業への融資が好き〉

　不動産への融資は、物件を担保にとりやすいという面があります。また、金融機関からの融資がないと成り立たないという事業の性格のせいか、不動

産売買事業者への融資は一般の事業融資に比べて金利が高めに設定される場合が多いのです。保全がしやすく、金利収入も大きいという両面から、金融機関としては積極的に取り組みたい融資の部類に入ります。

　長期的に不動産業向け貸出残高は増加を続けており、2013年３月から2023年の10年間で30％（29兆円）も増加しています。過剰な融資で問題になったアパートローンは近年横ばいですが、それ以外の不動産業向けが一貫して増加基調を続けているのです。銀行貸出全体に占める不動産業向け貸出の割合も高まっています。

　一方で、こうした金融機関と不動産売買事業の関係について、国は目を光らせています。金融機関がどんどん融資をすれば不動産市況は活性化しますが、それがやがてバブルを生み出し、過剰債務により最後は破綻者を増大させるのではないかという懸念をもち、金融庁は不動産融資に傾注している金融機関に注意喚起をしています。行政指導により、金融機関からいきなり「いま、不動産業向け融資ができないんです」といわれる可能性もあるのです。

⑶　財務コンサルティングのポイント

　不動産売買事業は物件仕入がすべてです。良い物件が売りに出た時、すぐに買付けができるよう、資金を確保することが何より重要です。中小の不動産売買事業者は金融機関からの借入によって資金調達するのが一般的ですから、不動産売買事業者に対する金融機関の見方を理解しておくことが重要です。金融機関の融資判断のポイントを列挙します。

① 　安定した売買を重視……金融機関は物件の売買でどのように利益を生み出しているかをみます。損切りして売っている物件が数多くあったり、売れ残っている物件が増加していたりして、時々大きな利益を出す物件によって全体の利益を確保している状況では安定的な事業といえません。購入した物件を長期保有することなく売却できていて、大きくなくても着実に利益を乗せて売れている状況であれば、金融機関は積極的に融資できます。

② 大きな融資シェアはもちたくない……前述したように、不動産業への過度な融資が問題となりつつあります。金融機関としては、特定の不動産事業者への集中した融資は好ましくないと考えるはずです。不動産を仕入れるための資金はできる限り分散して調達し、融資の窓口を増やしておくことも大切です。

　上記①に関して、じつは私自身、不動産売買事業の経営をしていたことがあります。会社の設立当初は物件ごとに担保を設定して融資を受けていました。これでは時間がかかりますし、登記にかかる税金負担も軽くありません。そこで、まずは物件で損を出さないこと、長くもちすぎないこと（半年程度たっても売れない場合、早めに価格を下げて売り切る）などを重視して売買を続けていました。すると、３期目の決算を無事黒字で着地し終えた頃に、いくつかの金融機関が一定金額までの物件ならば不動産担保をとらずに融資をしてくれるようになりました。そうした金融機関の数を増やし、また金額の上限を上げてもらい、安定して迅速な資金調達を実現できる環境を獲得できました。

　その会社は2017年にすべて売却してしまいました。不動産市況もそろそろピークだろうと思ったからです。図表２－８－１、２－８－２でみたように、その後もまだまだ不動産価格は上昇を続けていますが、後悔はありません。やはり現在の不動産価格は加熱しすぎだと感じるからです。

不動産仲介事業

(1) 事業内容

不動産仲介事業は、不動産の売買の仲介と賃貸の仲介に二分されます。

(2) 事 業 性

〈需給動向〉
まず不動産売買の仲介市場をみると、公益財団法人不動産流通推進セン

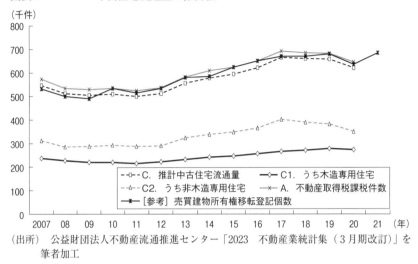

図表２－８－３　中古住宅流通量の推計値

（千件）

（出所）　公益財団法人不動産流通推進センター「2023　不動産業統計集（３月期改訂）」を筆者加工

ターの推計によれば、中古住宅（既存住宅）の流通件数は過去15年間にわたって上昇を続け、2021年で68万3,000件となっています（コロナで2022年は少し下落。図表２－８－３）。

　次に不動産賃貸の仲介市場をみると、全国宅地建物取引業協会連合会不動産総合研究所「不動産市場動向データ集」（2023年５月）によれば、首都圏の居住用賃貸マンションの成約件数は2017年から2021年まで年々減少していました。しかし、2022年では前年と比べて7.3％増加しています。

　同じ資料によると、近畿圏の居住用賃貸マンションの成約件数は2014年から2018年まで年々増加していました。その後、2019年から2020年まで減少傾向でしたが、2021年には増加に転じ、2022年には前年と比べて6.9％増加しています。

　これらの調査結果から、2021年から2022年にかけて賃貸住宅市場に再び活性化の動きがみられます。

〈従来のビジネスモデル〉

　不動産仲介事業者は、かつては地域の居住者の売り物件の情報を専任的に確保し、地域住民に広報し、成約に結びつけるモデルで運営されることが多

く、事業基盤の拡大には一定の限度がありました。不動産適正取引推進機構
（RETIO）によると、2022年度末時点で宅建業者数は12万9,609業者ですが、
従事者数5人未満の業者数が10万9,019業者と全業者数の84.1％を占めてお
り、小規模事業所がきわめて多い業態といえます。消費者は近年、インター
ネットで簡単に物件情報に接することが可能となっているため、不動産仲介
事業者は差別化がむずかしくなり、仲介手数料の値引きで集客を図る事業者
も出てきています。

〈レインズがもたらした不動産仲介事業の均質化〉

　レインズ（REINS）とは、「Real Estate Information Network System」の
頭文字をとった不動産物件情報交換のためのネットワークシステムです。国
土交通大臣に指定された公益財団・社団法人である東日本・中部圏・近畿
圏・西日本の不動産流通機構が運営しています。不動産仲介事業者がオンラ
イン上で物件情報を確認するためのシステムであり、売却物件のほか賃貸物
件情報も登録されています。不動産を買いたい、借りたいという一般の消費
者の要望に対して、物件情報を膨大なデータベースから検索できるように
なっていますので、宅建業者になり、レインズを利用すれば、容易に不動産
仲介事業を始めることができます。反面、不動産仲介事業者としての差別化
がむずかしくなったため、仲介業務は行わず、使いやすい物件検索のプラッ
トフォームを構築し、情報提供のみを事業とする者も出てきています。

〈不動産仲介業者は不動産テック（Real Estate Tech）で活路を見出せ！〉

　近年、不動産テック（Real Estate Tech）が注目されており、コロナ禍に
おいてデジタル化、オンライン化で不動産仲介業務を変革する機運が高まっ
ています。そのおもな内容を紹介します。

① 　スペースマッチング……空きフロア、空きスペースのシェアやマッチン
　　グを行うサービスです。会議室やイベントスペース、駐車場などの空き状
　　況の検索や予約をすることができます。比較的短期の賃貸ニーズをもつ人
　　に対してオンラインで賃借人とマッチングできるアプリを提供し、成約手
　　数料をもらうモデルです。

② 　VR・AR……不動産仲介に欠かせないサービスは物件の案内、内覧です

が、コロナ禍による行動自粛で内覧にも支障が出ました。そこで、バーチャルリアリティ（VR）・拡張現実（AR）の機器を活用し、家具の仮装設置や壁紙施工のシミュレーションを行うシステムが登場しています。

③　価格査定……AIを用いて不動産価格や賃料を査定したり、将来の見通しを示したりするサービスやツールが登場しています。

 ## 不動産賃貸事業

(1)　事業内容

　保有する不動産からの賃料で長期にわたる安定収入が見込め、不動産の取得にあたって金融機関から借入を行うことでレバレッジ効果が期待できること、相続税対策にもなることから、経営者や相続税負担に不安のある資産家の多くは不動産賃貸業に興味をもち、実際に不動産賃貸事業者となっているケースを多く見かけます。

　不動産売買・仲介事業者は売買差益・手数料収入を、金融機関は当該不動産を担保にした融資が期待できるため、不動産の取得を積極的に提案しています。不動産購入にかかる費用を全額借入することで資金負担はなく、入居者から得た家賃収入で月々の銀行への返済がまかなえて、返済額を差し引いた額が利益として残るというわけです。資金負担なく長期的に利益が約束されるとすれば、だれもが憧れる事業です。

(2)　事 業 性

　2018年にはスルガ銀行が、収益物件に投資する個人に対する融資の際に融資額を最大化するため、個人の収入や自己資金を大きくみせるよう審査書類を偽造して不正に貸付を行ったことが大きな問題となりました。結局、家賃収入が予定より減少したために借入返済ができなくなった債務者が急増し、大きな問題となったのです。

　ところが、その後のマンション価格上昇を背景として、会社員や公務員が

ワンルームマンションをローンで取得し、オーナーとなって副収入を稼ごうというモデルが人気となっています。ワンルームマンション投資は投資価格も大きくなく、安定した収入のある会社員なら銀行からの借入も容易です。家賃収入のほかにも、物件を物件購入時よりも高値で売ることができれば利益を得ることができます。

(3) 財務コンサルティングのポイント

さて、こうした不動産への投資について、財務コンサルティングにはとても重要な役割があります。それは、しっかりとした不動産賃貸事業の収支シミュレーションを提供することです。クライアントから収益物件への投資に関して相談があった場合、私が利用している不動産事業シミュレーションというExcelシートを紹介します。

［物件案内］
・愛知県名古屋市内、駅近収益物件
・物件価格2億円
・居住用マンション（14室現在満室）
・家賃収入19,992千円（図表2-8-4）
・希少価値、利回り10.00％

図表2-8-4　家賃収入試算

(単位：千円)

種別	戸数	階数	賃料単価／月	家賃／月	家賃／年
住居3LDK	6	1F	135	810	9,720
住居1DK-2LDK	8	2-5F	107	856	10,272
				0	0
				0	0
				0	0
				0	0
合計			242	1,666	19,992

(出所)　筆者作成

図表 2 − 8 − 5　金融機関からの提案

物件価格	2億円
借主	社長個人
現在の家賃収入	20,000千円
銀行借入	20年の元金均等
金利	1.00%
担保	当該不動産
保証人	なし

（出所）　筆者作成

・築年数30年

　この物件案内をみて、どのように感じますか。「希少価値、利回り10.0％」。記載のとおり、2023年現在では、なかなか見当たらない高利回り物件といえるでしょうか。

　会社の業績は良好で、経営者には金融機関からこんな提案がありました（図表 2 − 8 − 5 ）。「希少物件ですよ。ほぼ満額融資をするから、ぜひご購入を。相続税対策にもなるので。返済期間も20年にしますし、社長の収入も考えれば、まったくリスクのない投資です！」この言葉に経営者も乗り気です。

　それでは財務コンサルティングの視点から具体的なシミュレーションをしてみましょう。

〈STEP 1 〉

　まず、しっかり費用を確認します。諸手数料、税金コスト（個人で取得するので消費税の資金負担も考慮します）を計算の結果、 2 億円の物件取得に対して2,574万円の資金負担が別途発生します（図表 2 − 8 − 6 ）。

　総投資額は 2 億2,574万円です。家賃収入が1,999万2,000円として、利回りは8.85％になりました（19,992千円／225,740千円）。

〈STEP 2 〉

　次に維持管理費用を入力します。火災保険料に加え、築30年の物件ですか

図表2－8－6　諸費用の計算

不動産投資シュミレーション			表面利回り	10.00%
取得物件の概要				
内容	地籍等（㎡）	取得価額	用途	
土地		1億円	賃貸用	
宅地				
建物		1億円		
鉄筋コンクリート5F　新築				

取得費用合計試算　　　　　　　　　　　　　　　　　　　　　　　　（単位：千円）

内容	様式	取得費	消費税	合計額
建物（鉄筋コンクリート）	5F	100,000	10,000	110,000
土地	宅地	100,000	0	100,000
改装費				
仲介手数料		6,030	482	6,512
その他諸費用	1式	1,000	80	1,080
不動産取得税		3,500		3,500
登録免許税		4,000		4,000
融資関連費用		600	48	648
				0
				0
		215,130	10,610	225,740

（注）　不動産取得税は本則で計算
（出所）　筆者作成

図表2－8－7　維持管理費用

（単位：千円）

火災保険料（年）	修繕引当（家賃収入の5％）	管理委託費（家賃収入の5％）
150	5.0%	5.0%

（出所）　筆者作成

図表２−８−８　経費一覧

（単位：千円）

年数	固都税合計	火災保険	修繕引当	管理費	減価償却費	その他経費	支払利息	経費合計
1	1,700	150	1,000	1,000	2,128	15,130	2,201	23,308
2	1,682	150	950	950	2,128	0	2,088	7,947
3	1,664	150	900	900	2,128	0	1,975	7,716
4	1,646	150	900	900	2,128	0	1,862	7,585
5	1,628	150	850	850	2,128	0	1,749	7,354
6	1,610	150	850	850	2,128	0	1,637	7,223
7	1,591	150	800	800	2,128	0	1,524	6,992
8	1,573	150	800	800	2,128	0	1,411	6,861
9	1,555	150	700	700	2,128	0	1,298	6,530
10	1,537	150	700	700	2,128	0	1,185	6,399
11	1,519	150	700	700	2,128	0	1,072	6,269
12	1,501	150	700	700	2,128	0	959	6,138
13	1,483	150	700	700	2,128	0	847	6,007
14	1,465	150	700	700	2,128	0	734	5,876
15	1,447	150	700	700	2,128	0	621	5,745
16	1,429	150	700	700	2,128	0	508	5,614
17	1,411	150	700	700	2,128	0	395	5,483
18	1,393	150	700	700	2,128	0	282	5,352
19	1,374	150	700	700	2,128	0	169	5,052
20	1,356	150	700	700	2,128	0	56	5,033

（注）　「固都税」は固定資産税と都市計画税
（出所）　筆者作成

ら、修繕引当として家賃収入の５％を計上します。また、管理委託費としても同比率を計上します（図表２−８−７）。

　投資総額を銀行借入でまかなうとのことですから、全額２億2,574万円を20年元金均等返済、金利1.0％で借りる計画とします。支払利息は経費として計上しておきます。毎年の固定資産税も入力します。図表２−８−８が20年分の経費一覧です。

〈STEP３〉

　さて、収入について精査します（図表２−８−９）。

図表2-8-9　資金収支

（単位：千円）

年数	稼働%	収入	経費合計	不動産所得	課税所得	所得税	FCF	返済額 （均等）	資金収支	資金収支 累計(1)
		①			②	③			④	⑤
1	100%	19,992	23,308	▲3,316	▲3,316	▲1,161	▲28	11,287	▲11,315	▲11,315
2	95%	18,992	7,947	11,045	11,045	3,866	9,307	11,287	▲1,980	▲13,294
3	90%	17,993	7,716	10,277	10,277	3,597	8,808	11,287	▲2,479	▲15,774
4	90%	17,993	7,585	10,408	10,408	3,643	8,893	11,287	▲2,394	▲18,168
5	85%	16,993	7,354	9,639	9,639	3,374	8,393	11,287	▲2,894	▲21,062
6	85%	16,993	7,223	9,770	9,770	3,420	8,478	11,287	▲2,809	▲23,871
7	80%	15,994	6,992	9,001	9,001	3,150	7,979	11,287	▲3,308	▲27,179
8	80%	15,994	6,861	9,132	9,132	3,196	8,064	11,287	▲3,223	▲30,403
9	70%	13,994	6,530	7,464	7,464	2,612	6,979	11,287	▲4,308	▲34,711
10	70%	13,994	6,399	7,595	7,595	2,658	7,064	11,287	▲4,223	▲38,933
11	70%	13,994	6,269	7,726	7,726	2,704	7,149	11,287	▲4,138	▲43,071
12	70%	13,994	6,138	7,857	7,857	2,750	7,235	11,287	▲4,052	▲47,123
13	70%	13,994	6,007	7,988	7,988	2,796	7,320	11,287	▲3,967	▲51,091
14	70%	13,994	5,876	8,119	8,119	2,842	7,405	11,287	▲3,882	▲54,973
15	70%	13,994	5,745	8,250	8,250	2,887	7,490	11,287	▲3,797	▲58,770
16	70%	13,994	5,614	8,381	8,381	2,933	7,575	11,287	▲3,712	▲62,482
17	70%	13,994	5,483	8,512	8,512	2,979	7,660	11,287	▲3,627	▲66,109
18	70%	13,994	5,352	8,643	8,643	3,025	7,745	11,287	▲3,542	▲69,650
19	70%	13,994	5,052	8,943	8,943	3,130	7,941	11,287	▲3,347	▲72,997
20	70%	13,994	5,033	8,961	8,961	3,136	7,952	11,287	▲3,335	▲76,331
21	70%	13,994	5,015	8,979	8,979	3,143	7,964	0	7,964	▲68,367
22	70%	13,994	4,997	8,997	8,997	3,149	7,976	0	7,976	▲60,392
23	70%	13,994	4,979	9,015	9,015	3,155	7,988	0	7,988	▲52,404
24	70%	13,994	4,961	9,033	9,033	3,162	7,999	0	7,999	▲44,405
25	70%	13,994	4,943	9,051	9,051	3,168	8,011	0	8,011	▲36,394
26	70%	13,994	4,925	9,069	9,069	3,174	8,023	0	8,023	▲28,371
27	70%	13,994	4,907	9,088	9,088	3,181	8,035	0	8,035	▲20,337

（出所）　筆者作成

①では入居率を保守的に設定します。2年で5％ずつ下がる計画としました。新たにマンションが建設中など近隣の住宅事情によっては、より厳しくみる必要もあります。物件の老朽化に伴う賃料引下げの必要性という観点からも、保守的な数値を入力します。

②では不動産賃貸事業にかかる課税所得を正しく計算します。

③では②の課税所得に対して個人ならば所得税率、法人ならば法人税率を乗じた税額を算出します。個人の場合、②の課税所得に現在の役員報酬を加算した場合、税率が大幅に高くなる可能性がありますので、留意して税率を入力します。ここでは所得税率は35％で計算しました。

②−③が返済原資＝フリーキャッシュフローです。その金額から毎年の返済額を差し引きます。それが④の毎年の資金収支です。なんと、10％の利回りの収益物件のはずが、返済が終わるまでの20年間、資金収支が一度もプラスになることはない状況が続きます。

⑤は資金収支の累計です。累計でいくら持出しになるかを示しています。

累積で7,633万円の持出し。とても安定した収入確保とはいえない投資ですね。結局、物件を売却してはじめて資金収支がプラスになる可能性があります。しかし、物件の老朽化で20年後には建物の資産価値はほぼなくなるかもしれません。その場合、取壊し費用、売却時の税金なども加味して、最終手取り額を予想しておく必要があります。

このシミュレーションを提供すると、どの相談者もリスクの高さを理解し「やめておくわ」といいます。自己資金を入れればどうかという意見もありますが、私は不動産投資において、自己資金は個人からの借入だと認識してシミュレーションを行います。自己資金であっても投下した資金は全額回収したいわけですから、自分の懐に返済してもらう金利のいらない借入として考えます。

第 3 章

いまさら聞けない
中小企業金融のテクニカルワード

本章では、昨今、金融の世界で頻繁に使われているテクニカルワードをいくつか紹介します。銀行員と話していて、こうした言葉に出くわし、戸惑うことがあるかもしれません。新聞などでも意味をきちんと説明せずに使っていることが多いので、ここでそれらの言葉の意味を説明することにしました。あらためて聞くのは恥ずかしいかもしれませんが、知ったかぶりをせず、自信をもって金融機関とのコミュニケーションに臨みましょう。

Q 3-1　シンジケートローン

シンジケートローンとは何ですか。メリット、デメリットについて知りたいです

A　シンジケートローンとは、資金調達の規模が単一の金融機関にとって過大となる場合に、複数の金融機関がシンジケート団を組成して、同一の条件・契約に基づき協調して融資を行う手法です。少しややこしいのですが、「協調融資」と呼ばれる形態の融資もあります。「シンジケートローン」と「協調融資」は似て非なるものです。

シンジケートローンでは、借手との融資条件等の交渉を一手に取り仕切る「アレンジャー」と呼ばれる主幹事銀行を決めます。アレンジャーは融資契約の実行管理や事務管理、各参加金融機関間の調整などを行うことになります。

一方で、「協調融資」の場合は、借手が各金融機関と個別に契約条件の交渉、締結を行う必要があります。このため、借手にとっては時間や手間がかかります。しかし、それぞれの金融機関の貸付条件で融資を受けるため、条件の良い金融機関の融資額を多めにするなど借手主導で各金融機関に融資金額を割り振ることが可能になります。

 ## シンジケートローンの種類

おもなシンジケートローンの種類は2つあります。

① コミットメントライン方式……コミットメントライン方式とは、いわゆる当座貸越で、短期の運転資金調達に利用されます。

② タームローン方式……タームローン方式とは、いわゆる証書貸付による融資です。

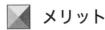 **メリット**

(1) 複数の金融機関から同一条件で融資を受けられる

融資条件はアレンジャーの提示した条件にあわせるので、たとえば、メガバンクなどが低金利を提示した場合、シンジケートローン団に参加する中小金融機関も低金利に追随することになり、金利コストは低めに設定できるメリットがあります。

(2) 規模の大きな資金調達がしやすい

金融機関の間でリスクを分散することで、大規模なプロジェクトについて融資を受けられるメリットがあります。

 デメリット

(1) 高額な手数料

シンジケートローンをとりまとめてくれるアレンジャー（主幹事銀行）に対して、アレンジメントフィーという名目の手数料が融資の支払利息以外に発生します。融資額の1.5％程度が一般的な水準ですが、融資金額が大きいと手数料も多額になります。たとえば、10億円のシンジケートローンであれば、1,500万円の手数料がかかることになります。

また、手数料はアレンジャーとなる金融機関が収受しますが、参画する他の金融機関からも相応の手数料を要求されるケースもあり、手数料はさらに増額となるケースもあります。

(2) コベナンツ条項の設定

シンジケート団に参加する金融機関は貸倒れのリスクを軽減するため融資契約上、コベナンツ条項を設定することが通例です。コベナンツ条項には

「情報開示義務」「財務制限条項」「担保制限条項」などがあり、借手において
てこれらの条項が守られなかった場合には、その時点で資金の全額返済や金
利の引上げ、追加担保の提供などがペナルティとして課されることになりま
す。財務制限条項には、たとえば、「経常利益が2期連続して赤字にならな
いこと」「純資産が融資実行時から80％を下回らないこと」などがあります。

Q **3-2** ファクタリング

．．．

ファクタリングとは何ですか。利用したほうがいいですか。メリット
とデメリットを知りたいです

A ファクタリングとは、売掛金をファクタリング業者へ売却し、手数料
などを差し引かれた代金を受け取るという資金調達の手段です。取引
先から売上代金として支払手形を受け取った場合、手形期日を迎えるより前
に金融機関に手形を持ち込んで、手数料を差し引かれた代金を受け取る資金
調達手法を手形割引といいますが、手形を持ち込んだ人は手形が不渡りに
なった場合、手形の振出人のかわりに手形決済をしなければなりません。
ファクタリングは売却して終わりですから、そういったリスクを回避できま
す。また、取引先の信用力について不安がある場合、売掛債権の貸倒れが生
じたらファクタリング会社が損失を補てんしてくれる「保証型ファクタリン
グ」というものも存在します。

◢◣ ファクタリングのメリット

(1) 業績が悪くても資金調達ができる

ファクタリングでは取引先の信用に依拠して資金調達を行うため、ファク
タリングを利用しようとする会社の業績は関係ありません。財務内容が悪化
して融資を受けにくい事業者でも資金調達に利用できます。

(2) 売掛先の信用度がわかる

ファクタリング会社は売掛債権の債務者の信用度を調査、分析してファク
タリングを受けるかどうかを判断します。私の顧問先の経営者は、新規取引
で相手先の信用度を確かめるため、ファクタリング会社に当該売掛債権を譲

渡できるか打診するそうです。断られる場合もあるようで、その際には取引開始を控えると話しています。

⑶　資産をオフバランス化できる

　ファクタリングにより譲渡した売掛債権は、貸借対照表から消えることになります。資産が少なくなると自己資本比率が上昇するなど、財務面の評価が向上する可能性があります。借入金で資金調達するよりも、債務償還年数などの数値も良くなるといえます。

ファクタリングのデメリット

⑴　融資の金利よりも高い手数料がかかることが多い

　融資の金利に相当するファクタリングにかかる手数料は、ファクタリング会社によって異なりますが、3〜10％と高めの設定がなされています。

図表3−2−1　金融庁による注意喚起

ファクタリングの利用に関する注意喚起
一般に「ファクタリング」とは、事業者が保有している売掛債権等を期日前に一定の手数料を徴収して買い取るサービス（事業者の資金調達の一手段）であり、法的には債権の売買（債権譲渡）契約です。 　しかし、近時、ファクタリングを装った高金利の貸付けを行うヤミ金融業者の存在が確認されています。また、ファクタリングとして行われる取引であっても、経済的に貸付けと同様の機能を有していると思われるようなものは、貸金業に該当するおそれがあります。 　事業者の皆様におかれては、こうした偽装ファクタリングを利用することのないよう、十分注意してください。 　また、通常、個人としてファクタリングを利用する機会はないと思いますが、「給与ファクタリング」という手法で、個人に貸付けを行うヤミ金融の存在も確認されていますので、こちらについても十分注意してください。

（出所）　金融庁ウェブサイト

⑵　売掛先に債権売却を知られてしまう

通常、利用者とファクタリング会社、そして売掛先の3者間で契約するため、ファクタリングには売掛先の承諾が必要となります。売掛先に承諾をお願いすると、「あの会社は資金繰りがうまくいっていないのではないか」と不安を抱かれる可能性があります。

⑶　悪質な業者が存在する

その他、ファクタリング会社のなかには悪徳業者も存在するようで、金融庁が図表3－2－1のような注意喚起をウェブサイトで行っています。

Q 3-3　リース

リース取引には、どのような種類がありますか。オペレーティング・リースとファイナンス・リースの違いは何ですか

A リース取引は契約の内容に応じ、将来にわたるリース料の支払義務を債務として認識する「ファイナンス・リース」と、レンタル契約と同様、将来にわたるリース料の支払義務を債務として認識せず、当期に支払うリース料を費用計上する「オペレーティング・リース」の2つに分かれます。ファイナンス・リースは有利子負債に含まれます。有利子負債とはその名前のとおり、借入金や社債のように利息を支払う義務のある負債をいいます。

また、ファイナンス・リースは「所有権移転外ファイナンス・リース」と「所有権移転ファイナンス・リース」に分かれます。

オペレーティング・リース

オペレーティング・リースとは、事業に必要な資産を購入せず、レンタルして利用する取引です。資産を保有しているわけでもなく、借金をしているわけでもなく、資産を借りているだけです。リース契約が終われば、貸手に資産を返さなければなりませんが、途中で解約できること、基本的に資産の修繕費用や償却負担は貸手が負担してくれるというメリットがあります。ただし、貸手のリスクや負担がリース料金に付加されるので、経済的には次に説明するファイナンス・リースに比べると負担が大きくなるといえます。

ファイナンス・リース

ファイナンス・リースとは、リース資産の所有権は貸手（レッサーと呼び

ます）であるリース会社がもちながら、借手（レッシーと呼びます）はリース資産の保有にかかるコストを負担し、リース資産を使用する取引です。基本的には事業に必要な資産を事業者のかわりにリース会社が購入し、事業者に貸し出す仕組みですが、貸出期間中はレッシー側から解約できないことが多く、また修繕費用はレッシー持ちという場合もあります。

　ファイナンス・リース取引には、「所有権移転外ファイナンス・リース」取引と「所有権移転ファイナンス・リース」の２種類があります。わが国のリース取引のほとんどは「所有権移転外ファイナンス・リース取引」です。

　「所有権移転外ファイナンス・リース」では、リース料をすべて支払って取引が終了した場合に、残念ながら資産は借手のものになりません。所有権は貸手の側に残るので、最後にリース資産を貸手に返却しなければならない契約です。リース取引を続けるためには再リース料を支払わなければならず、資産を買い取る際には別途費用がかかります。これに対し、「所有権移転ファイナンス・リース」では、リース取引が始まった時点から借手に所有権が移転します。

ファイナンス・リース取引の会計処理

　ファイナンス・リース取引については、原則として通常の売買取引に係る方法に準じた会計処理を行い、借手はリース物件とこれに係る債務をリース資産およびリース債務として貸借対照表に計上します。ただし、中小企業において「所有権移転外ファイナンス・リース取引」に売買取引に準じた会計処理を適用するかどうかは任意とされています。そこで、以下では「所有権移転ファイナンス・リース取引」を念頭に置きます。

　「所有権移転ファイナンス・リース」は、リース会社がリース資産の購入代金を借手のために立替払したのと同様の取引となるため、銀行融資と同質の取引であるといえます。したがって、「所有権移転ファイナンス・リース」のリース債務を有利子負債として認識すべきという考え方もあります。また、経理処理においても、資産取得にあたって売買取引として認識し、

図表3－3－1　所有権移転ファイナンス・リースの経理処理

【事例】

価格3,000,000円の車両を60回払いの所有権移転ファインナンス・リース取引（支払総額：3,600,000円、60,000円を60回支払う）で取得した場合の経理処理

【車両取得時の処理】

借方科目	金額	貸方科目	金額
車両（リース資産）	3,000,000円	リース債務	3,000,000円

【リース料支払時】

借方科目	金額	貸方科目	金額
リース債務	50,000円	預金	60,000円
支払利息	10,000円		

リース料の支払時には、リース債務の返済と支払利息に分けて計上します。

【決算時の処理】

取得した車両の減価償却費についても銀行借入によって資産を取得した場合とまったく同じ算出方法で減価償却費を計算します。

（出所）　筆者作成

リース料の総額を支払利息と借入金に分けて処理することになります（図表3－3－1）。

　「所有権移転ファイナンス・リース」は実質的に銀行借入と同じ取引ですので、金融機関としては、債務償還年数の計算式における有利子負債にリース債務を含めるのが通例です。一方で、「所有権移転外ファイナンス・リース」の場合に、債務償還年数の計算式における有利子負債にリース債務を含めるかどうかは、金融機関によって考え方の違いがあると思われます。

どのリース取引が有利なのか

　よく事業者から、自動車等を購入する際に銀行から借入したほうがよいか、リースを組んだほうがよいかと聞かれることがあります。私はすかさず、「銀行から借入ができるならば、借り入れて購入したほうがよい」と答

えます。理由は次のとおりです。

① リース料の金利相当分は銀行借入の金利より高めに設定されている……リース取引では、銀行借入で代金を払って資産を取得したのと同じか、それ以上のコストになります。リース取引のほうが、支出が少ないことはまずありません。

② 事業者にリース資産の所有権がないので、最後に処分して売却代金を得ることができない……リース資産が自動車なら、リース期間終了時に中古車市場で売却すれば、それまでの使用の程度に応じた値段がつくはずです。ところが、リース取引では、借手は車両を自ら購入したのと同じ金額をリース会社に払ったのに、リース資産を返却するか、再リースといって取引を延長してさらにリース料を支払うことになります。

対象資産をリース契約期間まで使用し続けた場合の累計の収支を比較すれば、銀行借入による取得⇒所有権移転ファイナンス・リース⇒所有権移転外ファイナンス・リース⇒オペレーティング・リースということになるでしょう。

それでは、なぜリース取引を利用するのでしょうか。資産の取得に多額の費用がかかることから、金融機関から融資を受けにくい場合にはリース取引を利用せざるをえないというケースがあります。しかし、リース料を経費として費用計上できるからという誤った認識で安易にリース取引を活用している場合もあります（銀行借入による資産購入の場合でも減価償却費として費用計上が可能です）。金融機関から借入ができるならば、間違いなく、リースより借入のほうが有利だといっていいと思います。

　窮境先へのコンサルティング

　　コロナ禍の影響でクライアントの業績が悪化し、債務超過となり、営業キャッシュフローもマイナスの状況に陥っています。金融機関の信用格付においては正常先にはほど遠い財務状況だと思いますが、何をどのように改善するよう助言すればいいですか

A　金融機関は、債務者にとってコロナ禍の影響は一過性であり、改善、回復の可能性があると判断できれば、かりに債務者区分が不良債権となるほどに財務が悪化していても、直ちに不良債権とはせず、要注意先か正常先へ格上げ補正して信用格付を行っている場合があります。そこで問題となるのは、事業者の状況が一過性なのかどうかです。直近決算では、債務超過かつ営業キャッシュフローがマイナスなので形式的には不良債権であっても、今期（進行期）がどうなるかの見通しがとても重要です。

信用格付と財務格付

　金融機関は、融資先を1〜9のクラスに分ける「信用格付」という仕組みを用いて融資審査を行っています。まずは財務分析をもとにした財務格付を行い、次に個別の財務情報や定性情報を加えて「信用格付」を行っています。

　その信用格付が上位であれば融資への取組みは積極方針となり、低位であれば慎重に検討または撤退ということになります。そして、個別の融資案件ごとに返済の可能性を主眼に置いた融資判断をしています。

　このように金融機関の信用格付では、初めに決算データをそのまま用いて財務格付を決めますので、債務超過でキャッシュフローがマイナスの場合、形式的には当該債務者への融資が不良債権となるような信用格付になってしまいます。

財務格付の補正の観点

　そこで重要な視点は、将来の見通しです。債務超過はどの程度深刻なの
か、具体的には債務超過の解消に何年かかるのか（3年なのか、5年なのか、
10年かかっても無理なのか）。また、営業キャッシュフローがマイナスの場
合、返済原資が捻出できないので不良債権としたいのはやまやまだが、プラ
スとなる見込みがあるのかどうか、それはいつなのか、さらに、どの程度の
プラスに改善するのかなどの分析がとても重要となります。

　無理をすることや、夢を追うような取組みは必要ありません。経営課題を
明確にして、現実的にできることを着実に進めていくことが大事です。目標
が債務超過の解消であれば、解消までに何年かかるかを示す実現可能性の高
い計画を策定すべきです。営業キャッシュフローについても、まずはプラス
にすることを目標とし、次の段階として債務償還年数20年、10年と目標数値
を現実的な目線で設定すればいいのです（債務償還年数＝借入金総額／営業
キャッシュフロー（経常利益＋減価償却費－法人税等））。

　いったん不良債権といわれても仕方のない財務状況に陥ったとしても、何
より重要なのは、改善、回復に向けた経営者としての意思があるかどうかな
のです。コロナ禍で深刻な業績悪化に陥った事業者が、這いつくばってでも
改善するという意思をみせれば、支援せざるをえないのが現在の金融機関の
立場です。これは、地域金融機関はもちろんのこと、メガバンクであっても
同じです。

　逆に、改善の意思と可能性が確認できないと、実際に不良債権となり、救
いたくても救えないということになります。まずは改善に向けた真摯な取組
みによって今期の着地がどう改善するかを示した事業計画（経営改善計画）
を金融機関に提出し、強い意志をアピールしましょう。それが財務コンサル
タントの使命です。経営改善計画があれば不良債権とはみなさないという内
部ルールもあるので、こうした計画の策定は金融機関からとても喜ばれるの
です。

....

　資産管理会社とは何の目的で利用する会社ですか。また、資産管理会社を合同会社で設立するケースが見受けられますが、それはなぜですか

　資産管理会社とは、その名のとおり、保有している資産を管理、運用して収益をあげることを目的として利用される法人です。保有資産から生ずる収益として代表的なものは、不動産や動産の売買収益や賃貸収入、株式の売買収益、配当収入などです。資産管理会社を合同会社とするケースが多いのは、設立コストや運営コストが安く、意思決定手続が簡素だからです。

◢◣ 資産管理会社の目的

　資産管理会社を利用するおもな目的は次のとおりです。

① 　相続対策……個人の保有する資産価額が高額となり、相続税負担が重い場合、これ以上個人の資産を増大させないようにするために、相続人等が株主となる資産管理会社を設置して、個人に係る収益を移転していく相続税対策があります。また、資産管理会社を複数設置し、各会社の株式を相続人それぞれが保有することで、相続が争族にならないように遺産分割対策として利用しているケースもあります。

② 　所得分散と税金対策……個人の高額所得者の税率は最高で55％（住民税含む）となっており、法人税率35％程度にくらべて高い水準となっています。収益を個人でなく法人が受け取ることで、税負担を軽減する効果があります。また、親族を法人の役員にして報酬を支払えば所得を分散でき、相続税の納税資金の準備にもなります。

プライベートカンパニーとしての性質

　資産管理会社を必要とするような個人の多くは、業績の良い企業のオーナー経営者である（あった）場合が多いと思います。資産管理会社には、会社の事業とオーナー個人の資産運用を分離して管理することができるという効用もあります。

　金融機関としては、会社の事業のために融資したお金で事業と関係のない不動産や有価証券に投資することは好ましくありません。事業会社なのに不動産や有価証券の運用収益としての営業外収益が異様に高い場合、資金使途の健全性に問題が生じます。

　資産管理会社はプライベートカンパニーとも呼ばれます。オーナー個人のための資産運用について会社の事業と区分して管理することは、会社の健全経営につながると考えます。

 ## なぜ合同会社が利用されるのか

　資産管理会社を合同会社にするケースがよく見受けられます。そのおもな理由として3つあげられます。

① 　設立費用が少なくてすむ……株式会社と比べて合同会社は設立費用が少ないのです。株式会社の設立にかかる費用は25万〜30万円程度が一般的です。一方で、合同会社は18万〜20万円程度で設立が可能です。

② 　維持コストが低い……株式会社には毎年の決算公告義務があり、官報掲載費が発生しますが、合同会社には決算公告義務がないため、官報掲載費はかかりません。また、役員の任期も設ける必要がないため、役員の任期が終了する際に納める「重任登記にかかる登録免許税」も不要です。このように、設立にかかる費用に加えて定期的にかかる費用も抑えることができます。

③ 　意思決定のスピードが速い……株式会社では、経営方針の変更をはじめとした重要な事項の決定には、株主総会を開催する必要があります。一

方、合同会社は所有者と経営者が同じであるため、株主総会を開催する必要がなく、迅速な意思決定が可能です。

．．

金融機関は、担保不動産をどのように評価していますか

A　金融機関としては、融資先が経営悪化などにより返済ができなくなったときに備え、貸倒損失を回避するためになんらかの措置をとる必要があります。財務内容に問題のある先への融資や長期間の融資の場合は、貸倒リスクが大きくなるので保証や担保を要求し、保全を図るケースが多くなります。実際には不動産を担保とするケースが多く、融資が回収できないときは金融機関が担保を売却して返済に充当します。したがって、融資先が返済できなくなったときにいくらでその不動産を売却できるかが、金融機関における担保不動産評価のポイントとなります。この担保評価の方法は、金融機関ごとに異なります。

土地の担保評価

土地の担保評価額は、公示地価、基準地価、路線価などを使って算出されています。

「公示地価」とは年に一度、国が土地の売買の指標として公表する価格です。「基準地価」は、公示地価の発表から半年後に、1年間の地価の動きを明確にするために算定される価格です。「路線価」は、税金の指標となる価格で、公示地価の7～8割程度が目安となっています。相続税や贈与税、固定資産税などの計算では、路線価をもとに土地の価値を算出します。

金融機関が不動産を担保にする場合は、不動産の実勢価額（時価）ではなく、間違いなく処分できるであろう価額で評価します。金融機関によって異なりますが、実勢価額の5～6割と考えていいと思います。たとえば、1億円の土地を購入するために当該土地を担保にして借入をする場合、担保評価

額は5,000万〜6,000万円となります。

　金融機関は融資額と担保評価額の差額を「担保割れ額＝信用部分」と呼んで、リスクのある額として認識します。一方、担保評価額は「担保充足額＝保全部分」として認識します。

 ## 建物の担保評価

　建物の担保評価は、新築であればその価格、それ以外の建物であれば固定資産税評価額を基準にして、実勢価額の5〜7割の額を評価額としています。

　ある地方銀行は固定資産税評価額の70％で計算するとのことです。固定資産税評価額は実勢価額（時価）の70％程度といわれていますので、70％×70％＝49％、つまり、実勢の半分くらいでしか建物の担保価値をみてくれないということになります。

 ## 未登記建物や第三者の建物がある場合、担保評価はゼロに？

　土地を担保にして借入をし、その土地の上に建物を建てた場合、金融機関はすぐに建物の保存登記をして、建物も追加担保に入れてくれといいます。これは、金融機関が担保の土地を処分しようとしたときに、その上に担保に入っていない建物があると、担保処分の障害になるからです。担保である土地の上に第三者の建物が立っている場合も同様です（この場合には、建物のための借地権が設定されているはずです）。

　経営者保証解除の要件に「法人、個人の分離」という項目があります。たとえば、会社所有の土地の上に経営者個人の建物が立っている場合、土地および建物を会社、個人どちらかの所有に整理することが経営者保証解除の要件となります。

　金融機関が現在のところ不動産を担保にとっていないとしても、会社の業

績が悪化し、信用リスクが大きくなれば、金融機関は保全を図って融資することになります。経営者保証を解除してしまうと、金融機関は会社のもつ資産を担保にとるほかありません。

　経営者が生きている間なら、経営者は会社のもつ土地とともにその上の建物を担保に入れることを承諾するかもしれませんが、もし経営者に相続が発生し、会社とは関係のない相続人が建物を相続した場合、建物の担保提供が困難になるケースも想定されます。ついては、会社のもつ土地は金融機関にとって処分しにくい不動産となってしまいます。そのようなリスクがある以上、会社がもつ土地の上に経営者がもつ建物が立っている場合、経営者保証解除はできないということになるわけです。

融資の金利はどのように決めていますか。固定金利と変動金利のどちらがいいですか

A　金融機関は、①調達コスト、②貸倒リスク、③経費、④利益という4つの要素を勘案して貸出金利を決めています。現在の低金利環境が続くと考えて変動金利を選好する事業者もいますが、事業リスク以外のリスクを排除するという考え方から長期金利を選好する事業者もいます。

貸出金利の決め方

金融機関は次の4つの要素から貸出金利を決めています。

① 金融機関の調達コスト……金融機関の貸出の原資となる資金は、顧客から預かっている預金、または、日銀や他の金融機関から借りたお金ということになります。金融機関が資金を調達する際には金利が発生します。いわば、お金の仕入コストです。ちなみに、現在は銀行に預金を預けてもゼロに等しい金利ですし、日銀からお金を借りる場合も同様にゼロ金利です。現在、金融機関のお金の仕入コストはほぼゼロといっていいでしょう。

② デフォルト（貸倒）リスク……融資金を回収できなければ金融機関には損失が発生します。融資先の信用度に応じて貸倒れのリスクが異なるため、Q3-4で説明した「信用格付」のランクに応じた金利を上乗せします。

③ 金融機関の経費……人件費、システム運営費などの事業経費を金利に上乗せします。

④ 金融機関の利益……金融機関のビジネスの基本は調達したお金で貸し出すことですから、金融機関の利益を上乗せして最終的に貸出金利が決められます。

短期金利と長期金利

　金融機関の貸出金利には一定期間ごとに金利を見直す（金利が変動する）変動金利と、返済期間中、返済期間内は金利が変わらない固定金利があります。固定金利のうち、１年以内の返済期間の融資に対する金利を短期金利と呼びます。１年超の返済期間の融資に対する金利を長期金利と呼びます。

　以前は各銀行が短期プライムレート（短プラ）という基準レートを公表して、１年以内の返済期間の融資の金利設定の目安にしていましたが、2009年以後、このレートに変更はありません。一方、長期プライムレート（長プラ）はメガバンクが公表しており（みずほ銀行が公表している長プラは2023年10月時点で1.5％）、住宅ローンの金利決定で使われています。

 ## 固定金利と変動金利はどちらがいいの？

　現在、短期金利であれば１％未満で調達できる企業も少なくありませんし、長期金利でも１％程度で調達ができます。長期にわたる金融緩和で、現在のような超低金利に慣れてしまっていますが、私が銀行に入った1991年は貸出金利が７％台ということも少なくありませんでした。

　ある銀行の幹部が「中小企業融資では最低でも1.5％の金利をとらないと、コストとリスクに見合わない」と話していました。やはり現在の金利水準は低すぎると考えてよさそうです。

　超低金利時に固定金利を選択するのが得策であることは間違いないのですが、「金利はもっと下がるかもしれない」「まだ金利はすぐには上がらないだろう」という考えのもとに、変動金利を選択する事業者も多いのです。

　個人的には、もし７〜10年の長期で固定金利が１％程度ならば、固定金利のほうが望ましいと考えます。なぜなら、変動金利にはこれ以上、下がる余地がない（下がっても最大で１％程度ですから）一方、金利が上がった場合の業績に与えるインパクトは大きなものになるからです。長期的に資金調達コストを確定できれば、経営の安定に寄与すると思います。

事項索引

【著者略歴】

小寺　弘泰（こでら　ひろやす）

関西大学卒。1991年大垣共立銀行入行、2000年同行退社。2001年株式会社プロシード設立、2014年税理士法人H&Pをグループ化、2015年社労士法人H&Pをグループ化。株式会社エフアンドエムのアドバイザー、経営革新等支援機関推進協議会（全国で約1,700の会計事務所を組織）のエグゼクティブプロデューサーも務める。信用金庫、地銀、税理士会支部、保険会社での認定支援機関実務に関する講演実績多数。1級ファイナンシャル・プランニング技能士。

中小企業財務超入門

2024年3月19日　第1刷発行

著　者　小　寺　弘　泰
発行者　加　藤　一　浩

〒160-8519　東京都新宿区南元町19
発　行　所　一般社団法人 金融財政事情研究会
出　版　部　TEL 03(3355)2251　FAX 03(3357)7416
販売受付　TEL 03(3358)2891　FAX 03(3358)0037
URL https://www.kinzai.jp/

校正：株式会社友人社／印刷：三松堂株式会社

ISBN978-4-322-14423-9